Udo Lindenberg Das Textbuch

Syndikat

Durchgefilzt und angestiftelt von Udo Lindenberg

CIP-Kurztitelaufnahme der Deutschen Bibliothek

Lindenberg, Udo: Das Textbuch, Frankfurt
am Main: Syndikat, 1981.
ISBN 3-8108-0199-2

Umschlaggestaltung nach Entwürfen von Rambow, Lienemeyer
und van de Sand durch Wolfgang Pfankuch
Produktion: Klaus Langhoff, Friedrichsdorf
Satz/Montage:
Main-Taunus-Satz Giebitz & Kleber GmbH, Eschborn
Druck/Bindung:
Mohndruck Graphische Betriebe GmbH, Gütersloh

Printed in Germany
ISBN 3-8108-0199-2

Inhalt

Daumen im Wind

1972

Nun steh' ich wieder an der Autobahn
und halt' den Daumen in den Wind
es wurde Zeit, 'mal wieder loszufahren
ich hoff', es hält bald einer an

Nun steh' ich hier und sing' ganz andere Lieder
ich weiß noch nicht, wohin es geht
ja, die Straße hat mich wieder
für Betty und mich ist es zu spät

Betty ist ein gutes Mädchen
ich weiß noch, wie das damals war
sie sagte: schmeiß' den Schlafsack weg
und bleib bei mir
ich biete Dir ein festes Bett dafür

Ich hab's versucht mit ihr
und es war ja auch ganz schön
Frühstück im Bett und viele nette Sachen
doch irgendwie auf die Dauer
fand ich's denn doch nicht mehr so schön
mit mir ist das leider nicht zu machen

Und jedesmal, wenn ich am Ortsausgang stand
tat mein Tramperherz so weh
und ich wußte, daß ich sie verlassen mußte
und heut' ist es soweit, und ich geh'
. . .

Da steh' ich also an der Autobahn
wann nimmt mich endlich einer mit
wann kommt denn hier 'mal ein Typ vorbei
der auf seine Bremse tritt

Vielleicht kommt einer, der zum Nordpol fährt
oder auch nur zur nächsten Stadt
ich steige einfach ein, 'mal seh'n, wohin man kommt
auf jeden Fall, die Gegend hier, die hab' ich satt

Ich möcht' so gern 'mal nach Haiti
oder zum Titicacasee
ich würd' so gerne einmal Freundschaft schließen
mit einem Eskimo im Schnee

Ich möcht' auch gerne 'mal nach Afrika
und mit den Urwaldnegern trommeln
ich möchte 'mal 'nen Medizinmann fragen:
wieviele böse Geister kann er denn wohl verjagen ?
...

Ich steh' noch immer an der Autobahn
und träume von der weiten Welt
vielleicht sollt' ich den Daumen etwas höher heben
denn ich will meine Träume nicht nur träumen
ich will sie auch erleben !!!

Good Life City

Hey – Hey – Hey
Good Life City – I'm on my way
Hey – Hey – Hey
Good Life City – I'm on my way

Den Typ da im Radio
ich glaub', den kenne ich
dreh' 'mal lauter
'mal hören, was der da singt
machst Du das 'mal für mich?

Du, diese Stimme
die hab' ich doch schon 'mal gehört
das klingt ja ganz manierlich
wenn man den Gesang 'mal überhört

I say Hey - Hey - Hey
Good Life City - I'm on my way

Mein Onkel ist Zauberer
in Bonn am Rhein
Kaninchen im Zylinder
und Tauben im Hosenbein

Hokuspokusmann hat 'ne Menge drauf
doch eines gibt's, was er nicht kann
eine bessere Welt kann auch er nicht zaubern
da muß man sich schon selbst drum kümmern
und ich fang' jetzt damit an.

I say Hey - Hey - Hey
Good Life City - I'm on my way
Hey - Hey - Hey
Good Life City - I'm on my way

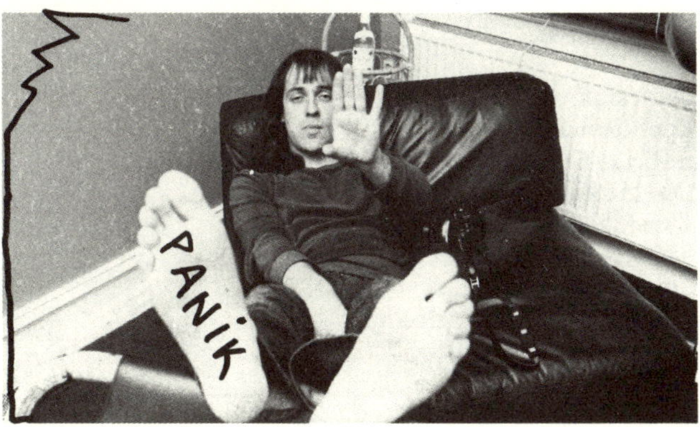

Meer der Träume

Ich tauche im Meer der Träume
Poseidon weist mir den Weg
ein Abend an Deck der Titanic
eine Nacht auf Atlantis

Ich treibe mit der Strömung
zu Neptuns Nixenhaus
da treffe ich eine Schöne
sie zieht die Schuppen aus

Ein Walfisch bringt Jonas und mich
an den Osterinselstrand
und plötzlich ergreift mich Aeolos
mit seiner Wolkenhand

Ich schwebe auf goldenen Flügeln
den Flügeln vom Sonnenwind
und besuch' meine kleine Geliebte
das Venuskind

Biochemon

Nur noch ein paar Jahre
dann siehst Du Menschen
mit 'ner Seriennummer auf der Stirn
Chemikalien in den Adern
künstliches Gehirn
sie erzeugen im Labor
einen kompletten Kirchenchor
und das Team für den Flug
nach Alpha Centauri . . .

Biochemon – Zukunftsdämon . . .

Gar nicht mehr so lange
dann lachen wir
über Frankensteins Stümpereien
genau nach Plan – wie auf einer Hühnchenfarm
Menschenproduktion
Retortenkinder, was wird aus Euch?
Arbeitsmänner – Freizeitfrauen
werdet Ihr die Sklaven sein
oder bringt Ihr uns alle um?

Hoch im Norden

Hoch im Norden
hinter den Deichen
bin ich geboren
immer nur Wasser
ganz viele Fische
Möwengeschrei und Meeresrauschen
in meinen Ohren
und mein Vater war Schipper
und fluchte, wenn Sturm war
denn dann konnt' er nicht 'raus auf See
und dann ging er zu Herrn Hansen
der der Chef vom Leuchtturm war
und der sagte: Keine Panik auf der Titanic
jetzt trinken wir erst 'mal einen Rum mit Tee!

Und ich verbrachte meine Tage im Nordseedünensand
bin jahrelang tagtäglich am Deich entlanggerannt
und Mutter brachte jeden Tag
und freitags ganz besonders
Muschelzeug und Fisch
auf den Tisch

Ja, es war ja auch ganz schön
und das Klima war gesund
und doch hab' ich mir gedacht:
hier wirst Du auf die Dauer
nur Schipper oder Bauer
hier kommst Du ganz allmählich
auf den Seehund

Und als ich so um sechzehn war
da hatte ich genug
da nahm ich den nächstbesten
nach Süden fahrenden Zug
...

Und nun sitz' ich hier im Süden
und so toll ist es hier auch nicht
und eine viel zu heiße Sonne
knallt mir ins Gesicht

Nein, das Gelbe ist es auch nicht
und ich muß so schrecklich schwitzen
ach, wie gern würd' ich 'mal wieder
auf einer Nordseedüne sitzen . . .

In den dunklen tiefen Gängen der Vergangenheit

Seltsame Szenen – Nebelschwadenbilder
noch nie dagewesene Situationen
ganz fremd und doch irgendwie vertraut
als hätte man das schon 'mal erlebt

In den dunklen tiefen Gängen der Vergangenheit
ein Hauch Erinnerung
zieht durch das Labyrinth der Zeit
vor Millionen Jahren
Blume im Lavasee
unter meinen Wurzeln
ein brennender Planet . . .

Vielleicht existiert jedes Leben immer weiter
nur die Formen verändern sich
ich, die Libelle in glühenden Wolken
gleißendes Sonnenlicht fiel auf mich . . .
ich lebte mit den Wüstenwölfen
ich war ein Fisch im Ozean
ich ritt auf einem Dinosaurier
durchs Reich der Vierten Dimension

In den dunklen tiefen Gängen der Vergangenheit
ein Hauch Erinnerung
zieht durch das Labyrinth der Zeit
vor Millionen Jahren
Vogel im Farbenrausch
unter meinen Flügeln
ein tosender Vulkan

Die Kinder Deiner Kinder

Die Zeit ist Gift in Deinem Blut
die Jahre bringen Dich um
das Meer der Zeit hat immer nur Flut
die Flut kehrt niemals um

Du bist ein Blatt und die Zeit ist der Wind
der treibt Dich durch das Leben
und irgendwann fällst Du in den Dreck ...
und der Schicksalswind
trägt ein anderes Kind
als hätt' es Dich niemals gegeben ...

Du denkst, Du bist der Größte
und besser geht es nicht
da schlägt Dir der Knochenmann
die Sense ins Gesicht
glaub' nur nicht, was Du tust
das wäre folgenschwer
die Kinder Deiner Kinder
kennen Deinen Namen schon nicht mehr
sie kennen nicht 'mal mehr Deinen Namen

Alkoholmädchen

Alkoholmädchen
Du hast mir oft erzählt
wie sehr Dich Deine Liebe quält
Deine Liebe zu mir
und zum Schnaps
das war doch klar
das konnte nicht gutgehn
ich mach' mir nichts aus Alkohol
doch Du warst dauernd voll

Alkoholmädchen
Du hast mir oft erzählt
wie sehr so ein Kater quält
und hast den Kaffee wieder weggestellt
und erst 'mal einen Korn bestellt
das war doch klar
das konnte nicht gutgehn
ich mach' mir nichts aus Alkohol
doch Du warst dauernd voll

Das war doch klar
als ich Dich Montagabend sah
hab' ich mir gleich gedacht
das wird Deine letzte Nacht
Kollaps unterm Kneipentisch
Blaulicht - Krankenwagen
Krankenhaus
doch zu spät
zu spät
pumpen Sie Dir den Magen aus

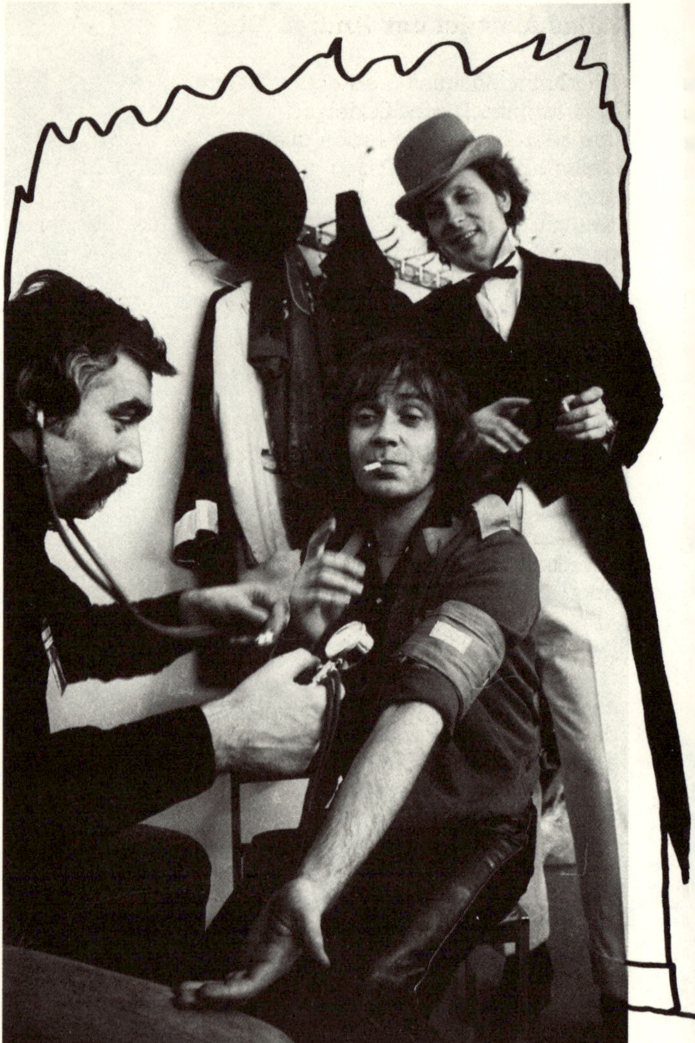

Alles klar auf der Andrea Doria '73

Bei Onkel Pö spielt 'ne Rentner-Band
seit zwanzig Jahren Dixieland
'n Groupie haben die auch, die heißt Rosa oder so
und die tanzt auf 'm Tisch wie 'n Go-Go-Go-Girl

Und dann Paula aus St. Pauli, die sich immer auszieht
und Lola hat Geburtstag
und man trinkt darauf, daß sie wirklich 'mal so alt wird
wie sie jetzt schon aussieht
und überhaupt ist heute wieder alles klar
auf der Andrea Doria

Gottfried heißt der Knabe, da hinten am Klavier
und für jede Nummer Ragtime
kriegt er 'n Korn und 'n Bier
ein Typ in der Nische schockiert seine Braut
und Bernie Flottmann denkt, er wär' 'n Astronaut
jetzt kommt noch einer 'rüber aus der Dröhndiskothek
und ich glaub', daß unser Dampfer bald untergeht
aber sonst ist heute wieder alles klar
auf der Andrea Doria

Bei Onkel Pö spielt 'ne Rentner-Band
seit zwanzig Jahren Dixieland
'n Groupie haben die auch, die heißt Rosa oder so
und die tanzt auf 'm Tisch wie 'n Go-Go-Go-Girl
es kommt 'mal wieder gar nicht so drauf an
und Leda träumt von einem Pelikan
und überhaupt ist alles längst zu spät
und der Nervenarzt weiß auch nicht mehr
wie's weitergeht
aber sonst ist heute wieder alles klar
auf der Andrea Doria

Boogie Woogie Mädchen

Als wir das letzte Mal mit unserer Band hier waren
standst Du da unten im Saal
und ich sang gerade unseren Hammer-Hit
zum 150. Mal
der Trommler hinter mir rockte los wie 'n Verrückter
und der Typ da am Baß wie ein vom Jenseits Geschickter
das Panik Orchester haute mich um
und dann auch noch Du
Du flipptest da 'rum

Boogie Woogie Mädchen
rote Haare im Scheinwerferlicht
und ganz naß im Gesicht
Boogie Woogie Mädchen
die Jeans saßen knapp, und dann hoben wir ab

In der Pause kamst Du hinter die Bühne
und dann hast Du zu mir gesagt:
Ich fühl mich so gut
Ihr habt mich so hochgebracht
Mädchen, die Welt in der Du sonst so lebst
war plötzlich nicht mehr da
an dem Abend warst Du mehr so'n New Yorker
Andy Warhol Superstar

Und heute sind wir wieder hier
und ich hab Dich noch gar nicht gesehen
ich hoffe, Du gehörst jetzt nicht schon zu den Leuten
die nicht mehr zu den Bands hingehn
Der Trommler hinter mir rockt los wie'n Verrückter
und der Typ da am Baß
wie ein vom Jenseits Geschickter
das Panik-Orchester haut mich um
und da bist Du ja wieder, da flippst Du rum

Nichts haut einen Seemann um

Die Boote sind noch draußen
die Kneipe ist noch leer
außer mir nur der alte Käpt'n
der ist immer hier
der fährt nicht mehr

Der sitzt hier jeden Nachmittag und prüft den Rum
doch nach dem dritten Glas schon singt er leise:
Nichts haut einen Seemann um –
ihn doch
und er träumt von seinen guten Tagen
da konnt' er zehnmal mehr vertragen

Überm Tresen hängen Ansichtskarten
die hat er mal geschickt
und er denkt an die Japanerin
die war so schön verrückt
ja, damals war er noch ein schneller Junge
das Leben war lebenswert
doch was bleibt einem Seemann, der nicht mehr fährt –

Die Boote sind im Hafen
die Männer kommen gleich
der Käpt'n wankt nach Hause
er schleppt sich übern Deich
er will nicht, daß die andern sagen:
Der kann ja wirklich nicht mehr viel vertragen
und nun singt er sein Lied
in den stürmischen Wind

Ganz egal

Neulich hab' ich 'n Film von früher gesehn
da war so 'n Typ, den fand ich richtig gut
der hieß James Dean
die haben mir erzählt, daß er der erste war
der geweint hat auf der Leinwand
vorher gab's nur diese knallharten Männer
mit der Knarre in der Hand

Und dann hab' ich alte Platten gehört
Rock'n'Roll von Elvis Presley

der machte damals 'ne Riesenschau
und bewegte die Hüften wie 'ne Frau

Und 63 waren die Beatles da
das war damals noch ein Skandal mit dem langen Haar
und Paul sang wie ein Mädchen, das kam unheimlich an

Dann Mick Jagger und jetzt David Bowie
der seinen Gitarristen auf der Bühne küßt
und wieso auch nicht
es ist doch ganz egal
ob Du ein Junge oder 'n Mädchen bist

Gestern hab ich Dich zum ersten Mal gesehen
weiße Haut, totaler Knock out
für einen Moment blieben wir stehen

Weißt Du, irgendwie fand ich Dich so gut
doch Dich gleich auf der Straße zu umarmen
dazu fehlte mir der Mut

Jeremias

Letzte Nacht um viertel vor vier
da hatte ich eine Erscheinung
plötzlich stand ein Engel in der Tür
und der fragte mich nach meiner Meinung
er war kreidebleich - mit 'm weißen Gewand
und er hob seine silbrig schimmernde Hand
und er sagt': Guten Tag, Du bist auserkoren
die Welt braucht einen neuen Messias
und dann hat er mir noch den Kopf geschoren
und gesagt: Du heißt jetzt nicht mehr Udo
Du heißt jetzt Jeremias

Halleluja, Halleluja!

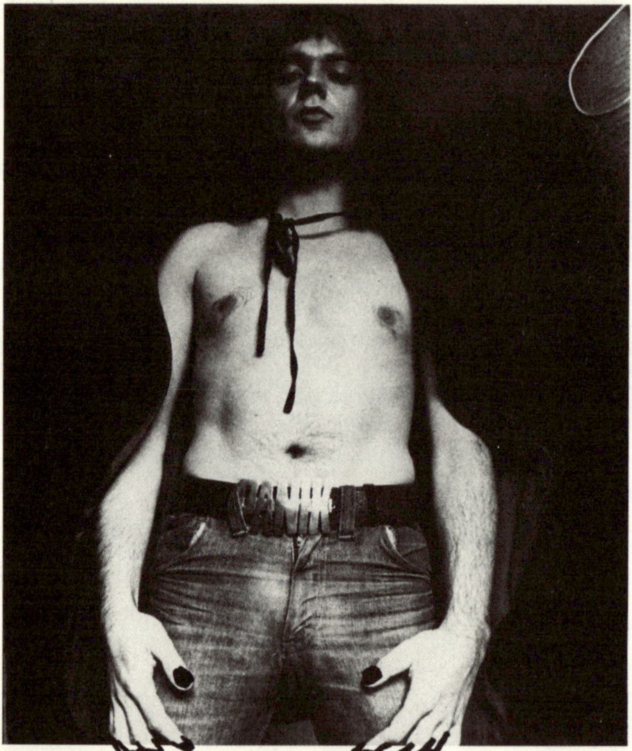

Dann hat er noch gefragt, ob ich einverstanden wär
und ich sagte: ja, das wär' ganz okay so
erst fand ich's nicht so heiter
mit der Glatze und so weiter
aber dann hab' ich gesagt: Ja ich geh' so
Mit dem Zeremoniell ging es ziemlich schnell
denn er mußte auch gleich wieder los
doch da klemmte ein Flügel
und er ganz verzweifelt:
Jeremias, was mach ich jetzt bloß?

Dann hat's mit dem Abflug ja doch noch geklappt
und ich war wieder alleine
und dann wurd' mir erst klar
was geschehen war und ein Zittern
zog mir durch die Beine –
und nun stehe ich hier
und ich heiße Jeremias
ich weiß auch noch nicht so genau, was man da macht
aber irgendwie, na klar, irgendwie
kriegen wir das schon hin
und da gab's doch schon mal einen
der hat das auch gebracht

Wir wollen doch einfach nur zusammen sein

Stell' Dir vor, Du kommst nach Ost-Berlin
und da triffst Du ein ganz heißes Mädchen
so ein ganz heißes Mädchen aus Pankow
und Du findest sie sehr bedeutend
und sie Dich auch

Dann ist es auch schon so weit
Ihr spürt, daß Ihr gerne zusammen seid
. . . und Ihr träumt von einem Rock-Festival
auf dem Alexanderplatz
mit den Rolling Stones und 'ner Band aus Moskau

Doch plötzlich ist es schon zehn nach elf
und sie sagt: Ey, Du mußt ja spätestens um zwölf
wieder drüben sein
sonst gibt's die größten Nervereien
denn Du hast ja nur 'n Tagesschein

Mädchen aus Ost-Berlin
das war wirklich schwer
ich mußte gehn, obwohl ich so gerne
noch geblieben wär'
aber Mädchen, ich komme wieder
und vielleicht geht's auch irgendwann
'mal ohne Nervereien
da muß doch auf die Dauer 'was zu machen sein

Ich hoffe, daß die Jungs
das nun bald in Ordnung bringen
denn wir wollen doch einfach nur zusammen sein
vielleicht auch 'mal etwas länger
vielleicht auch 'mal etwas enger
wir wollen doch einfach nur zusammen sein

Cello

Getrampt oder mit 'm Moped
oder schwarz mit der Bahn
immer bin ich Dir irgendwie
hinterhergefahren
nein, damals hab' ich kein Konzert von Dir versäumt
und nachts konnte ich nicht schlafen
oder wenn, dann hab' ich von Dir geträumt

Du spieltest Cello
in jedem Saal in unserer Gegend
ich saß immer in der ersten Reihe
und ich fand Dich so erregend
Cello
Du warst eine Göttin für mich
und manchmal sahst Du mich an
und ich dachte 'Mann oh Mann'
und dann war ich wieder völlig fertig

Ja, ich war ständig da und das hat Dich dann überzeugt
wir wollten immer zusammen bleiben
und überhaupt, mit Dir, das war so groß
ja, das kann man gar nicht beschreiben

Und heute wohnst Du irgendwo
und Dein Cello steht im Keller
komm, pack' das Ding doch nochmal aus
und spiel' so schön wie früher

Cello . . .

Er wollte nach London

Mit dreizehn ist er zum ersten Mal
von zu Hause weggerannt
er wollte nach London und später nach Paris
das waren komische Gefühle
als er nachts an der Straße stand
den Schlafsack unterm Arm
und dreißig Mark in der Hand
er rauchte viele Zigaretten
und dann wurd' es wieder heller
und morgens um sieben hatten sie ihn
sein Alter war leider schneller

Als er so um fünfzehn war, hat er's nochmal versucht
und dieses Mal hat's hingehauen
da haben sie sehr geflucht
als er drei Tage später den Eindruck hatte
daß er weit genug weg war
hat er zu Hause angerufen
und gesagt, es wär' alles klar
eigentlich war gar nichts klar
und das Geld war auch schon alle
und nun stand er da in irgendeiner kalten Bahnhofshalle

Er war in London, er war in Paris
er war in vielen großen Städten
er schlief auf harten Parkbänken
und auf weichen Wasserbetten
er spürte, daß er irgendwie auf der Suche war
doch was er eigentlich wollte
das war ihm damals noch nicht klar

Inzwischen ist er neunzehn
und er weiß immer noch nicht so genau
was er denn nun davon halten soll
von dieser ganzen Schau
viele Sachen sieht er anders
und er glaubt auch nicht mehr so daran
daß es nur an der Umgebung liegt
vielleicht kommt es doch mehr auf einen selber an

– Und nun liest er ein Buch von Hermann Hesse
und nun macht er Meditation
doch er findet Jerry Cotton auch sehr stark
und er lernt jetzt auch noch Saxophon

Die größte Liebe

Die größte Liebe meines Lebens
kann ich nicht vergessen
ich kann tun, was ich will
doch ich finde keine Ruh

Die größte Liebe meines Lebens
wohnt so tief in meinem Herzen
und diese Liebe, diese Liebe
das bist Du – uhuhuhu

Jonny Controlletti ('74)

Neulich war ich mal wieder in Amerika
und da traf ich einen Herrn von der Mafia

er lud mich ein in ein Makkaronirestaurant
und ich dachte: o.k., gehst' mal mit
vielleicht wird das ganz interessant

Er sagt: Ich heiße Jonny Controlletti, Bon Giorno, Signor
ein kurzer Wink und 'ne schwarze Limousine fuhr vor
und später saßen wir da in der Chicago-Bar
und nach jedem Glas Chianti
rief er: Hallo, Ober, noch 'ne Ladung
und zwar avanti, avanti
und dann packt' er sich das Glas, das volle
und sagt: Alles unter Kontrolle !

Er hatte 'n Streifenanzug an
und Gamaschen wie Al Capone
und die Beule in der Jacke, die kam von der Kanone

dann wollte er noch wissen
wie's denn überhaupt so wäre
mit dem Showbusiness in Deutschland
und speziell auch mit meiner Karriere
ich sag': Ich mach' da grad so'n Ding
mit 'ner höllisch heißen Panik-Band
und Jonny Controlletti
übernahm sofort das Management

Er sagt: Si, si Signor
wir machen das perfekt und schnell
die Jungs vom Syndikat sind enorm professionell
und so saßen wir da in der Chicago-Bar
und er sagt: Alles klar, mein Bester
ich mach' Dich über Nacht zum Superstar
Dich und Dein Katastrophen-Orchester
und dann reicht er mir das Glas, das volle
und sagt: Alles unter Kontrolle !!

Honky Tonky Show

Wenn die Mütter morgens in der Zeitung lesen
daß wir kommen, kriegen die 'n Schock
und sie sagen: Oh Tochter, geh' da bloß nicht hin
die spielen doch diesen wilden, animalischen Rock
die Musik, die die machen, ist chaotisch
nachher findest Du das auch noch erotisch
bitte, geh' da nicht hin, tu mir das nicht an
es gibt doch heute abend auch
'n schönes Fernsehprogramm

Honky Tonky Show
– und abends läuft die Honky Tonky Show
die Mutter guckt alleine Krimi oder Quiz
und die Tochter ist da, wo die Action ist
Honky Tonky Show
– abends läuft die Honky Tonky Show

Wo die Lautsprecher steh'n, sind die Mädchen
weil da die heiße Luft vibriert
und das finden sie so
oh, oh, ooh
sie sind fasziniert, fast hypnotisiert
im Saal ist es heiß wie in 'ner Sauna

und es sind auch wieder
so'n paar ganz scharfe Frau'n da
die sammeln Autogramme, aber ganz speziell
die schreiben wir mit 'm Lippenstift auf die nackte Haut
nachts um 3 im Hotel

Honky Tonky Show
– und abends läuft die Honky Tonky Show
seit sieben Wochen rollt unsere Show
so'ne Tournee macht einen reichlich k.o.

Der Banddoktor sagt: Das ist ja 'n Marathonlauf
und er macht seinen Koffer auf
und er gibt uns die Sachen, die uns kräftig machen
denn unsere Show will jeder seh'n
und deshalb muß sie weitergeh'n . . . .

Leider nur ein Vakuum

Freitags abends steckt er sich 100 Mark
und 'ne Zahnbürste ein
er zieht sich die schnellen Stiefel an
das ist ein gutes Gefühl, frei zu sein
bis Montagmorgen rennt er rum
zwischendurch kommt er nicht mehr nach Haus
er sieht sich auf der Szene um
und nachts probiert er fremde Betten aus

Normalerweise läuft das sehr gut
doch manchmal gibt es auch 'ne Pleite
dann wacht er morgens auf
und Lady Horror liegt an seiner Seite
ihr Make up ist verschmiert
die Sonne scheint ihr brutal ins Gesicht
und daß ihm sowas immer noch passiert
das liegt am Suff und am dunklen Kneipenlicht

Er geht in die Madman-Discothek
da soll die große Action sein
da sind zwar jede Menge Leute
doch er fühlt sich trotzdem sehr allein
die Musik ist laut, und die Leute sind stumm
die hängen da rum, und manche gucken sehr dumm
so als hätten sie in ihren schönen Köpfen
leider nur ein Vakuum

Rudi Ratlos

Rudi Ratlos heißt der Geiger
der streicht uns grad 'n Evergreen
er ist 80, hat zittrige Finger
und ist schon ganz weich in den Knien

Rudi Ratlos mit viel Pomade
in den wenigen Haaren, die er noch hat
schade, schade, Berlin '33
da war er der schönste Geiger der Stadt
da war er der Liebling aller Frauen
und außerdem Leibmusikalartist
von Adolf Hitler und Eva Braun

Rudi Ratlos, heute wieder auf den Brettern
die die Welt bedeuten
Er wurde aus dem Altersheim abgeholt
von diesen cleveren Businessleuten

Der galante Carl Brutal
tanzt den Schieber jetzt noch mal
und er schiebt die Lady nett übers glänzende Parkett
und der Geigner geigt uns einen
und manche Damen fangen an zu weinen
und eine ist schon ganz naß
in den Augen und um die Nase blaß

Rudi Ratlos geigt den Tango
auf eine Art, die uns betört
er ist ein solcher Wahnsinnsmacker
daß selbst ein falscher Ton uns nicht stört

Der galante Carl Brutal
tanzt den Schieber jetzt noch mal
und er schiebt die Lady nett übers glänzende Parkett
und der Geiger geigt uns einen
und manche Damen fangen an zu weinen
und eine ist schon ganz naß
in den Augen und um die Nase blaß

Dieser Rhythmus, daß jeder mit muß
diese Melodie vergißt man nie
Uh, das geht in jedes Bein
so muß ein Tango sein

Bitte keine Love-Story

Wenn man, so wie ich schon mal richtig
auf die Fresse gefallen ist
weil ein Mädchen gesagt hat: alles klar
und die Sache dann doch ganz anders gelaufen ist
hat man wenig Mut, es noch 'mal zu riskieren
das gleiche Spiel mit 'ner anderen
noch einmal zu probieren
man erinnert sich noch an das Magendrehn
und hat Angst, noch mal so kaputtzugeh'n

Meine Nerven sind empfindlich
und mein Blut ist sizilianisch
jedesmal, wenn man mich abtörnt
werd' ich völlig panisch
dann ist mein Zustand sofort katastrophal
dann renn' ich in die nächste Kneipe
und besaufe mich total
oder ich werf' die Beruhigungspillen ein
das müssen allerdings ziemlich viele sein

Und nun kennst Du meine Geschichte
tut mir leid, doch jetzt weißt Du Bescheid
die große Love-Story haut mit mir nicht mehr hin
bitte lassen wir diese Träume
die haben leider keinen Sinn

... doch Du sagst, mit Dir wär' das alles ganz anders
alles überhaupt kein Problem
und nun stehst Du vor mir
und ich weiß nicht, was ich tun soll
und Du sagst: Ey, komm, laß uns geh'n . . . .

Gerhard Gösebrecht

Ich fuhr' so vor mich hin auf der Autobahn
da stand ein Typ und winkte und ich dachte:
hältst mal an
doch dann, als ich so allmählich näher kam
so etwas Komisches, ganz seltsam

Er hatte Drähte an der Nase und Antennen an den Ohren
ganz grün im Gesicht
und dann beugt' er sich leicht nach vorn
und er sagt: „. . .§,/.!?-· ..;/§%...?, sehr angenehm
mein Name ist Gerhard Gösebrecht
aus dem dreizehnten Sonnensystem

Naja, ich dachte, die machen hier gerade 'n Film
so 'ne Science Fiction Show
das sind Dreharbeiten
doch dann sah ich da hinten ein gigantisches Ufo
das sah so beängstigend echt aus
gar nicht wie 'ne Attrappe
und Gerhard lächelt und fragt:
Glaubst Du denn, wir kommen mit 'm
Flugzeug aus Pappe?

Ich dachte: Moment mal, das gibt's doch nicht
das krieg ich in meinen Kopf nicht rein
doch da stieg Kosmos-Gerhard
auch schon in mein Auto ein
er meinte: Paß mal auf
wir fahren jetzt noch eben zu Dir nach Haus
da packst Du alles ein, was Du brauchst
und dann fliegen wir ins Weltall raus
wir fliegen zu einem fernen Planet
auf dem's musikalisch nicht mehr weitergeht
nur noch Robotersounds und Computerklänge

Wir brauchen in unserem Imperium
Dich fürs Musikministerium
wir haben die Nase vom Kosmosrock voll
wir wollen jetzt den irdischen Rock 'n' Roll

Riskante Spiele

Er war 15 Jahre alt und er sagt' zu seiner Mutter:
Ey, gib' mir mal 'n Glas Wasser
ich muß mal eben 'ne Tablette einnehmen
die alte Dame meinte: Sehr vernünftig
Du denkst an Deine Gesundheit, mein Sohn
und dann nahm er sich 'ne AM 1
und später noch 'ne Speedogon

uh, das knallte rein, das törnte sehr gut an
das zog ihm runter bis in die Socken
und dann sagte er: Olga, alles easy
jetzt geh' ich einen rocken

In der Schule, im Chemiesaal, mixte er sein Teufelszeug
riskante Spiele, die er spielte
er schnüffelte Juhu und Klebolin, bis er schielte
später rauchte er dann Haschisch
nahm Mescalin und LSD
und dann fiel er schließlich mit seiner Nase
auch noch voll in den Schnee!

Ahua, hua, hua

Laß die harten Drogen sein
trink Dir doch mal lieber einen!
jetzt griff er zur Fuselpulle
er war interessiert, wie Alkohol funktioniert
nun stand er jeden Abend an der Theke
und trank mit Vergnügen viele Flaschen aus
doch eines Abends nach dem 20. Bier
da sah er seine erste weiße Maus

Uh, das darf nicht sein, nein, nein, nein
er macht' die Augen zu und hält sich am Tresen fest
doch da merkt' er, zu spät
er steht mit den Beinen schon mittendrin im Mäusenest

Ahua, hua, hua

Cowboy-Rocker

Charles Bronson:
Hey Baby, steig' auf, laß' uns beide, Du und ich
laß uns jetzt nach Las Vegas reiten, die Sonne putzen!

Udo:
Der Cowboy-Film ist zu Ende
im Saal ist es längst schon wieder hell
doch da hinten sitzt noch ein Junge
die denken, der schläft
sie sagen: Hau ab, aber schnell
das ist hier 'n Kino
und kein Pennerhotel!

Der Junge wär' sehr gerne noch in Arizona geblieben
in der Goldgräberstadt Gun City
oder in Laramy
er hätte gerne noch weitergeträumt
von sich und Charles Bronson
ja, Charles ist sein Freund

Und nun geht er ganz dicht an den Schaufenstern lang
und überprüft darin seinen Cowboy-Gang
dann setzt er sich auf sein Pferd aus Stahl
und jetzt hört er die Stimme von Charles noch mal:

Ey Mann, fahr' zu Deiner Rockerclique
und sag' der Alten, die Du liebst
daß Du sie jetzt haben willst!

Cowboy-Rocker:
Hey Baby, steig' auf
laß' uns nach Las Vegas, die Sonne putzen!
Das Mädchen:
Willst Du mich anmachen
oder was ist hier los, Alter?
Das einzig Starke an Dir ist Deine Moto Guzzi
aber sonst bist Du ja so ein Fuzzy!

Und der Präsident meint:
Hör mal, Mann
mach meinen Engel nicht an
sonst kriegst Du dermaßen was in die Schnauze ...

Nostalgie Club — (Berlin)

Im Nostalgie-Club ist heute Jubiläumsprogramm
ich hab' die Ehre, ich sage die Herrschaften an
wir haben heute Grethe Weiser am Synthesizer
und Zarah Leander singt: Kann denn Liebe Sünde sein?

Daß dieser Abend möglich wurde, das freut uns sehr
denn daß diese Stars zuletzt bei uns waren,
ist schon sooo lange her
doch jetzt sind sie alle wieder da
sie kamen gestern nach Berlin
Anhalterbahnhof
oder manche kamen auch mit 'm Zeppelin

Es ist nur schade
daß Frau Dietrich nicht abkömmlich war
sie schickte uns ein Telegramm aus U.S.A.
darin stand: Sorry, sorry, doch ich geb' Euch einen Tip
ich hab' noch einen Enkel in Berlin
der kann auch 'ne gute Show abzieh'n!

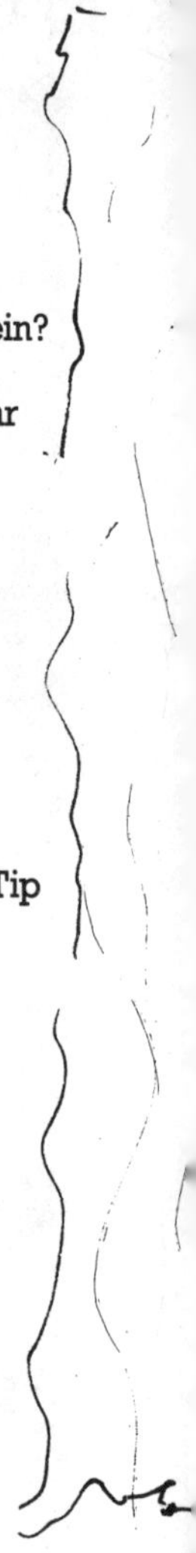

Glitzerknabe

Nach dem Auftritt geh' ich in die Garderobe
raus aus dem Frack, ich schmink' mich ab
und dann zieh' ich die Jeans wieder an
ich denk', das is'n guter Job, jeden Abend 150 Mark
das ist schon sehr stark
dafür kann man schon mal auf die Bühne geh'n
und als Glitzerknabe im Rampenlicht steh'n

SHOWTIME

Der Dirigent

'75

Er war ein Dirigent
ein großer Dirigent
so berühmt wie Herbert von Karajan
wenn er den Taktstock in seine Hände nahm
dann hielt das Publikum den Atem an
das Orchester war getrimmt
und bestens eingestimmt
ein letzter Blick auf die Partitur
der Frack saß excellent
und nun begann der Dirigent
mit seiner Chaos-Symphonie in Atom-Dur

Votan Wahnwitz

Wahnsinn und Genie gehen Hand in Hand
dieser Taktstockmeister war auch dafür bekannt
dann stand er da, mit wirrem Haar
dem Herzinfarkt verdächtig nah
und wieder war er außer Rand und Band

Er wurde high von der Musik
sehr schnell kam er in Rage
der Satan saß ihm im Genick
und trieb ihn zur Ekstase
er heizte das Orchester an
ein Befehl und hundert Mann
im ganzen Saal ein einziges Gerase

Die Sopran-Vokalistin mit den riesigen Brüsten
hatte es dem Meister angetan
doch sie liebte einen Herrn vom Ballett, der war sehr nett
der tanzte immer den sterbenden Schwan
sie sang, so schön sie konnte
nur für ihren Tänzer
doch der hörte gar nicht hin
denn seine ganze Liebe galt nur dem Maestro
und nicht dieser Sängerin

Daniels Zeitmaschine

Neulich traf ich Daniel Düsentrieb:
Guten Tag, ach, kommen Sie doch mal mit in mein Labor!
Und da führte er mir voller Erfinderstolz
die neue Zeitmaschine vor
er sagt: Hier ist der Knopf für die Zukunft
und da der Hebel für Vergangenheit
mit diesem Apparat flippst Du sehr akkurat
in jede gewünschte Zeit!

Daniel, oh Daniel, laß uns starten, und zwar schnell
ich möchte mal zurück ins Neandertal
oder laß uns nach Utopia fahren, mal gucken was da los ist
mal gucken, was so passiert in ein paar hundert Jahren!

So flogen Düsentrieb und ich erstmal in die Zukunft
direkt ins Jahr 3010
da schlichen die Menschen dumpf und öde
in der Gegend umher und ihr Blick war blöde
und in ihren Ohren Maschinen- und Raketengedröhn
sie schluckten brav ihr Rauscholin
das bekamen sie täglich vom Roboterregime
ja, gut geschluckt am Morgen – ein Tag ohne Sorgen
und abends ging man ins Automatenbordell
da wurde gebumst, und zwar maschinell

Die Damen hatten schöne Glatzen
doch man kam an diese Ladies nicht ran
denn sie schlossen sich ja lieber an den Lustcomputer an
und so fuhren wir wieder nach Hause
zurück in die Gegenwart
und da war ich gerade 'n Pop-Star
doch der Job war mir zu hart ...

Oh Daniel, oh Daniel laß uns abhauen, und zwar schnell
er sagte: Gebongt, die Zeitmaschine ist startklar!
Bring mich zurück in die Vergangenheit
mal gucken, was da los ist
wir checken jetzt mal aus, was früher so war...

Da war so viel los

Plötzlich bin ich wieder der kleine Junge
ganz spitz auf Lakritz
für den eine Expedition zum nächsten Block
weit wie 'ne Reise nach China ist

der kleine Robinson Crusoe
auf Entdeckungstour
meiner Mutter Hermine mißfielen
die Onkel-Doktor-Spiele
und meine Schwäche für Whisky-pur
ich seh' July Müller, meine erste Liebe
mein Herz knallte los
wir wollten heiraten, doch dann kam Jan von nebenan
und ich verliebte mich in Rennautos

Da war so viel los
das Leben bestand ausschließlich aus Sensationen
und jeder Tag
brachte jede Menge phantastische Situationen
einmal sind wir losgezogen
wir suchten das Ende vom Regenbogen
da war schwer was los

Und dann in der Schule hatte
keiner Bock auf Mathe
lieber ging man stolz mit 'ner Zigarette
zum Schwindeligwerden auf die Toilette
gerne quälten wir auch manche Lehrer
die wurden sowieso immer unfairer
einen haben wir so fertiggemacht
der hat sein ganzes Gehalt zum Psychiater gebracht

Kinder:
Also ich werd' später Löwenbändiger
Ach nee, das is' viel zu gefährlich
da wird man ja gefressen
ich werd' lieber Kaugummifabrikant
Ich find' das besser: Taucher
Ich werd' lieber Pop-Star
Das find' ich alles ganz doof, ich mach 'nen Zirkus auf
Ich werd' später Testpilot
Und ich Filmstar in Hollywood

Letzte Woche war ein Klassentreffen
da sah ich sie wieder
die mißglückten Helden, die jetzt Beamte sind
die Bonnies und Clydes von früher
jetzt als Herr und Frau Bieder
die Power von damals ist leider hin
und Fritz der Cowboy wurde nur
Manager bei der Müllabfuhr . . .

Der Malocher

Die Alte zu Haus war auch nicht mehr das
was sie früher einmal war
schon morgens saß sie vor der Glotze
mit Lockenwicklern im Haar
wenn er schlapp von der Maloche nach Hause kam

saß sie immer noch da
sie sagte: Hier hast 'n Korn
der bringt Dich wieder nach vorn
und im Fernsehen läuft der Kommissar

Uh, er hatte die Schnauze von diesem Leben voll
er wär' so gerne ausgeflippt
und mit solchen Gedanken hat er dann
noch mal an seinem Glas genippt
und dann schmiß er 's mit Karacho voll ins TV
und schrie: Ihr glaubt wohl, ich bin nicht ganz dicht
jeden Abend Fusel schlucken
und dann in die Röhre gucken
und dann pennen und dann wieder zur Schicht!

Der Malocher aus dem Ruhrgebiet
tat nun etwas, was sonst nur selten geschieht
schmiß seiner Frau das Mobiliar vor die Füße
und sagte: Nun ist aber Schluß, meine Süße!
Und mit dem Lottogewinn
das haut ja doch nicht mehr hin
komm Weib, mach meinen Koffer klar
ich hau' jetzt ab nach Paris, da ist das Leben so süß
da trink' ich Sekt im Alcazar
und tanze Cha-Cha-Cha, uh!

Er fuhr mit der Bahn
Erster Klasse, nach Paris (Gare du Nord)
er bestellte sich Champagner
den trank er aus der Flasche
und kam sich ganz schön super vor
und als er dann da war
und schon nicht mehr ganz klar war
da traf er ein charmantes Mädel
und am nächsten Morgen war er allein im Hotel
ohne Kies und mit 'nem schweren Schädel ...

oohh ..

Der Malocher aus dem Ruhrgebiet
machte etwas, was sonst nur selten geschieht
schmiß seiner Frau das Mobilar vor die Füße
und sagte: Nun ist aber Schluß, meine Süße!
Und mit dem Lottogewinn
das haut ja doch nicht mehr hin
komm Weib, mach meinen Koffer klar
ich hau' jetzt ab nach Paris, da ist das Leben so süß
da trink' ich Sekt im Alcazar
und tanze Cha-Cha-Cha, uh!

Guten Tag, Herr Filmproduzent

Guten Tag, Herr Filmproduzent
haben Sie mal fünf Minuten Zeit für mich
sagen Sie, daß ich noch nicht beim Film bin
finden Sie das nicht auch bedauerlich
bei meinem Talent?

Da sagt er: Moment mal
bei Ihrem Gesicht werden die Mütter sagen
Kind, der hat ja 'ne Fresse zum Reinschlagen
abgesehen von dem bißchen Sex-Appeal
haben Sie nicht viel von dem
was ein Schauspieler braucht

Ich sag: Ich könnt' ja zur Not auch incognito
mal ein Drehbuch schreiben für 'ne Wahnsinnsshow
über Terri Terror und Anna Anarcho
und deren Flugzeugentführung nach Addis Abbeba
nach Beirut oder nach Jemen
und ich schwör' Ihnen, das Publikum weint vor Rührung
wenn Sie Inge Meisel als Geisel nehmen.

O-Rhesus-Negativ

Es war Mitternacht, ich ging spazieren
da bemerkte ich
ein Finstermann mit'm großen Hut
verfolgte mich
und dann sprach er mich an
schmatzend und mit knirschenden Zähnen:
Ach, würden Sie wohl so freundlich sein
und Ihre Blutgruppe mal erwähnen?

Ich dachte mir, das ist 'n Vampir
da muß man vorsichtig sein
ich sagte: Moment
ich guck' mal eben in meinen Ausweis rein
0-Rhesus-Negativ, da verzog er sein Gesicht
und meinte: So'n Mist
ausgerechnet diese Sorte vertrag ich nicht!

Um ihn zu trösten, lud ich ihn ein
auf ein Glas Bier
doch er meinte, das wär für ihn kein Plaisier:
Es muß schon dieser rote Spezialsaft sein
es gibt nur ein Getränk, das find' ich gut
und das ist Blut!

Wir unterhielten uns noch ganz prima
über Klima, Gott und die Welt
und er erzählte mir von seinem Vampirleben
und daß es ihm gut gefällt
er sagt: Ich brauch' nicht zu malochen
jeden Tag ins Büro zu laufen
am Tag schlaf' ich in meinem Sarg
und nachts geh' ich mich besaufen!

Ja, wenn das so ist, möchte ich auch Vampir sein
da sagt' er: Reichen Sie doch mal 'n Antrag
beim transsilvanischen Prüfamt ein
dazu brauchen Sie aber vom Zahnarzt
'n Tauglichkeitsschein
denn wenn die Beißer zu kurz sind
kommen Sie nie rein in unseren Verein!

Elli Pyrelli

Elli Pyrelli
vom Regensburger Opernhaus
bläht ihre Kehle und ihre Seele auf
und kommt wieder ganz groß raus
überhaupt ist diese Art Schmettergesang
neuerdings wieder sehr gefragt
die Rock'n'Roll-Gespenster sind weg vom Fenster
die Arie ist angesagt

Elli Pyrelli: Oh Votan, weiche von mir . . .

Eines Abends kam die Pyrelli auf die Bühne
und der Wind von der Windmaschine
hat sich ihr Gewand gepackt
und plötzlich war die Dame nackt

ihr Orkan-Organ und dann noch dieser Anblick
das trieb die Leute auf die Sitze
das hielt das ganze Haus im Kopf nicht aus
sie war ja auch wirklich einsame Spitze!

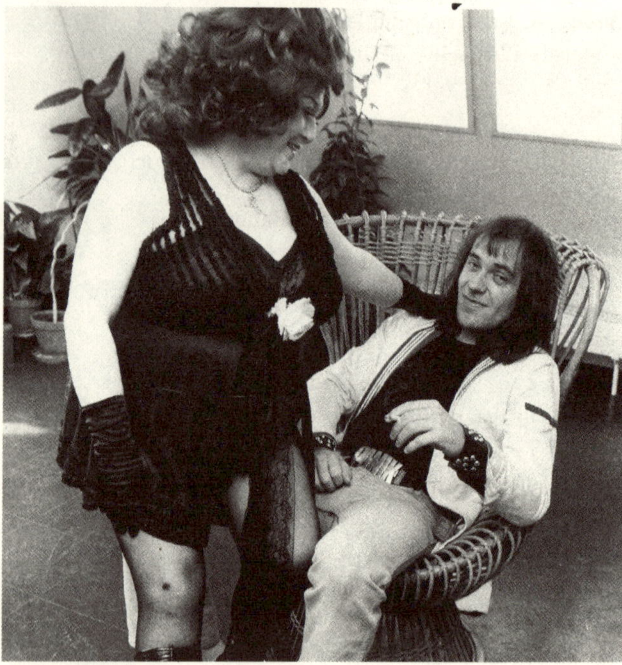

Früher drehten die Elektrorocker
ihre Verstärker auf
jede Menge Phon, bis zur Ohramputation
und schließlich stand kein Mensch mehr drauf
man wollte lieber wieder seriöse Lieder
und nicht diesen Pop-Krawall
vielleicht auch mal wieder 'ne nette Operette
mit Gesang wie von 'ner Nachtigall

Es ist alles im Lot auf dem Riverboat

Es ist alles im Lot auf dem Riverboat
und jetzt fahren wir los nach Cuxhaven
die Sklaven im Keller, die rudern los
sie sind frisch und ausgeschlafen
der Kapitän Zäsar Zechmann verspricht
daß er nicht wieder so besoffen wird wie letztes Mal
denn da wär' beinah' ein Schiffsunglück passiert
der Steuermann kichert und stiert auf den Kompaß
weiß kaum noch, wie er gucken soll
und jetzt merk' ich, die ganze Crew
ist sowieso schon wieder voll

Es ist alles im Lot auf dem Riverboat
alles im Lot
und wenn's untergeht, is' auch egal
mit 'm U-Boot fahren wollt' ich immer schon mal

Der Sprit macht uns fit
und die Jazzmusik tönt angenehm in unseren Ohr'n
und Chris der Trompeter
pustet den Blues in sein verbeultes Nebelhorn
die Passagiere saufen wie die Tiere
und fordern die Kapelle auf
spielt doch endlich Ice Cream mit 'm schönen Tubalauf
der Heizer und die Stewardeß
verkriechen sich im Rettungsboot
und plötzlich hör' ich ihren Schrei:
Baby, Du heizt mich halbtot!

Es ist alles im Lot auf dem Riverboat
alles im Lot
und wenn's untergeht, is' auch egal
mit 'm U-Boot fahren wollt' ich immer schon mal

Den Ozean-Dampfer am Kai Nummer 10
hat der Kapitän leider nicht mehr gesehn
uh, schon wieder ein Schiffsuntergang
wir werden immer nasser
jetzt singen wir unter Wasser:
Es is' alles im Lot . . .
gluck - gluck - glucks!

Das kann man ja auch mal so sehn

Glaubst Du denn, daß die Frau, mit der Du zusammen bist
die einzig mögliche Dame auf dieser Welt für Dich ist?
Zufällig war sie da, und da hast Du sie genommen
sonst wär' das garantiert mit'ner Anderen so gekommen
das klingt zwar nicht so schön
doch das kann man ja auch mal so sehn

Und jetzt hat sie Dich 'runtergebracht und Du denkst
die Welt geht unter
aber bald kommt eine neue Frau
und die macht Dich wieder munter
nimm das mal nicht so tragisch
ey, es kommt nicht so drauf an
sag doch Deiner Alten ganz einfach
was sie Dich alles kann
nimm das mal nicht so tragisch, mein Sohn
die anderen Miezen, die warten doch schon

Die sitzen in Honolulu
im weißen Sand am Palmenstrand
oder in Konstantinopel oder im Sauerland
die fahren in Tokio U-Bahn oder in Miami Wasserski
die wärmen bereits die Betten an
für Deine Figur, Chérie
nimm das mal nicht so tragisch, mein Sohn
die anderen Miezen, die warten doch schon

Jack

Heute morgen um 7 ging das Telefon
sie sagten: Dein Freund Jack ist tot
ein Laster ist frontal in ihn reingeknallt
der hatte überholt trotz Überholverbot
zuerst wollte ich das nicht begreifen
ich dachte, das ist ein makabrer Gag
mein Freund Jack kann doch nicht so plötzlich sterben
wir wollen doch heute abend noch zusammen weg

Es war wie ein Faustschlag in den Magen
diese Nachricht von Jackies Unglück
ich versuchte, mir vorzustellen,
wie dieser Lkw auf ihn zukommt
und was in Jack vorgeht in diesem Augenblick

Ein komischer Zufall, erst vor zwei Wochen
haben wir noch über den Tod gesprochen
er hatte Angst davor, er meinte, dann ist alles zu spät
ich sagte: nein Jack, ich glaub', daß nach dem Tod
das Leben irgendwie weitergeht!

Über den Wolken ist es so schön
wie in den Bergen der Antarktis
und weiter geht Dein Flug, vorbei an den Planeten
und Du erreichst die Rock 'n' Roll-Galaxis
und da siehst du ihn wieder
Jimi Hendrix, ich weiß noch, als er starb
warst Du sehr traurig,
weil's für Dich keinen Größeren gab
und Buddy Holly
singt für Dich noch einmal »Peggy Sue«
Du bist froh, daß er auch da ist
und zusammen mit Deiner neuen Freundin Marylin
hörst du ihm zu
Brian Jones und Janis Joplin auf dem Nebelpodium
und bald gehörst auch Du zu ihrem Stammpublikum.

Ingeburg Thomsen

Rock 'n' Roller

'76

Mac war ein Junge und seine Welt war
ein Hinterhof in Hamburg-Altona
seine Mutter war schon tot, sie starb sehr früh
sein Alter war ein Säufer, den sah er nie

Die anderen Kinder spielten mit Spielzeugknarren
doch er stand mehr auf Rock 'n' Roll-Gitarren
eines Tages ging er los und klaufte sich so'n Ding
und dann übte er im Treppenhaus, so oft es ging

Und er wurde ein Rock 'n' Roller, Rock 'n' Roller
und er wußte, er wird noch 'mal ein großer Star
und er spielte so schön schmutzig wie der Dreck
den man unter seinen Fingernägeln sah

Er machte 'ne Band auf mit Conny und Fats
sie nannten sich „The Heavy Cats"
sie rockten drauf los, bis sich die Klampfen verbogen
und ihnen die Trommelfelle um die Ohren flogen

Wie kam nun Mac an seine starke Stimme?
Diese unheimlich geile, diese wahnsinnig schlimme
er hat 'ne Mülltonne aufgeklappt
'reingeguckt und kräftig Luft geschnappt

Und er wurde ein Rock 'n' Roller, Rock 'n' Roller
und er wußte, er wird noch 'mal ein großer Star
und er sang so schmutzig wie der Dreck
den man unter seinen Fingernägeln sah

Reggae Meggi

Letzten Monat flog ich nach den Bahamas
ich holte mir den Fliegeschein
ich sagte: Es muß PanAm sein oder BEA
oder vielleicht auch die Deutsche Lusthansa
nur nach Möglichkeit nicht die Never Come Back-Airline!

Dann an Bord sagte ich dem Piloten:
Ich vertraue Ihnen meinen Body an
landen Sie nicht auf'm Acker oder auf dem Ozean
bitte, nehmen Sie die Bahama-Landebahn!

Und dann in Nassau, da sah ich sie, Reggae Meggi
oh Meggi, oh Meggi, Reggae Meggi

Meggi war eins von diesen Hula-Hula-Mädchen
ihr praller Busen war pralinensüß
sie trug eine nette Lotusblütenkette
unter dem Bananenschalenkleid war sie allzeit bereit
und ich dachte: Mann oh Mann, das macht mich an
ich glaub, ich bin im Paradies!

Ich sitz' am Strand auf einer Palme
schlör' Likör und bin bald pickepackevoll
und dann schmeiß' ich mit 'ner Kokosnuß
nach der einen, die es sein muß
dann weiß sie, daß sie kommen soll

oh Meggi, oh Meggi, Reggae Meggi!

Und abends gehen Meggi und ich in die Bar
da wird heißer Reggae gespielt
und die Boys vom Special Service sind natürlich auch da
und es wird mit Nasenpuder gedealt
man gibt den Kopf ab an der Garderobe
man braucht ihn nicht mehr in diesem Flair

es wird 'rumgemacht, die ganze Nacht
bis man morgens um acht
schlapp in die Hängematte kracht

Meggi, jetzt bin ich wieder zu Hause
und liege im Krankenhaus
mein Doktor hatte mir zwar Erholung verschrieben
doch auf den Bahamas flippte ich völlig aus

Oh Meggi, oh Meggi, Reggae Meggi . . .

Nina

Es ist besser, Nina, wenn Du jetzt gehst
denn Du bist erst 14
Deine Eltern warten sicher schon auf Dich
komm, Du mußt jetzt gehn
der Nachmittag war wirklich stark
hat wirklich viel gebracht
und im Kino haben wir sehr über Woody Allen gelacht
wir können uns ja morgen wiedersehn
abgemacht . . .?

Zuerst warst Du für mich noch ein halbes Kind
und noch lange keine Frau
doch nachdem ich Dich jetzt öfter gesehen hab'
weiß ich's nicht mehr so genau
und das hast Du gemerkt, und das find'st Du gut, nicht?
sei mal ganz ehrlich
doch wir können solche Sachen leider nicht machen
denn Du bist 14 und das ist zu gefährlich

Nach der Schule kommst Du an mit Deinem Mofa
Du haust Dich in mein Sofa und steckst Dir eine an
Du erzählst mir von den Jungs aus Deiner Klasse
und daß man mit denen nicht viel anfangen kann

Du sagst, mit mir find'st Du's viel interessanter
weil ich Musik mach' und anders als die anderen bin
Du versuchst mit allen Tricks, mich rumzukriegen
aber wenn's mir auch schwerfällt
das kriegst Du nicht hin!

Es ist besser, Nina, wenn Du jetzt gehst
denn Du bist erst 14
Deine Eltern warten sicher schon auf Dich
komm, Du mußt jetzt gehn
wir sollten uns erst mal nicht mehr wiedersehen
weil das zu gefährlich ist
ich hätte Dich heute beinahe geküßt
Nina, schade, daß Du noch nicht 16 bist . . .!

When I'm 64

Wenn ich 64 bin . . .

Wenn ich mal alt bin
die Haare sind futsch
im Jahr 2010
wirst Du dann immer noch bei mir sein?
Uh, das fänd' ich schön . . .

Wenn ich senil bin
mit'm riesigen Bauch und 'nem schönen Doppelkinn
wirst Du mich lieben
immer noch lieben, wenn ich 64 bin?

Wenn ich am Tag nur noch 2 Schnäpse vertrag'
und nur noch einmal im Monat bumsen mag
wirst du mich lieben
immer noch lieben, wenn ich 64 bin?

Jeden Sommer mieten wir uns ein Häuschen auf Sylt
wenn die Rente reicht
die Enkel kommen uns besuchen
ich spiel' mit denen am Strand, bau' 'ne Burg aus Sand
und Du backst den Haschischkuchen

Wenn ich mal alt bin
ich geh' am Stock
und in den Knien ganz weich
wenn ich dann mit glänzendem Nostalgie-Blick
am Onkel Pö vorüberschleich'
wirst Du dann sagen:
Alter, keine Panik
für mich bist Du immer noch der King!
Wirst Du mich lieben,
immer noch lieben, wenn ich 64 bin?

Ich bin Rocker

Ich bin Rocker
meine Gang nennt sich „Lucifer Mob“
am Tage bin ich Schlosser
das ist’n ziemlich mieser Job!

Aber abends hol’ ich dann meinen Ofen aus dem Stall
in den Lederjackentaschen dicke Feuerwasserflaschen
und zwischen den Knien der Tank voll Benzin

Ich war früher viel allein
da war ich oft ganz schön down
dann stieg ich ein in den Verein
jetzt hab’ ich viele Kumpels
und da gibt’s auch Wahnsinnsfrauen

Die sitzen auf dem Sozius
und sagen: Alter, nun heiz’ mal schön!
und dann geben sie mir’n Kuß
bei Tempo 110

Ich bin Rocker
doch ich hätt’ noch viel mehr Spaß dabei
wenn’s unter uns
nicht immer wieder so’n paar Ochsen gäb’
immer geil auf’ne Schlägerei
oder gestern in ’ner U-Bahn
haben sie wieder so ’nen Scheiß gebracht
sie meinten zu ’ner Mutter:
„Schmeiß Dein Baby weg, es wird Dir sofort ’n schönes
neues gemacht!

Manchen Rentner haben sie ausgeknockt
und ihm die Kohle abgenommen
und jede Menge alte Frauen sind auch schon
voll auf den Horror gekommen

Ich bin Rocker
doch ich steh' nicht auf Gewalt
ich bin nicht so'n primitives Schwein
und schlag' 'nem Schwachen die Fresse ein

Wir sind Rocker, wir sind Rocker
doch ohne amputiertes Gehirn
und wenn man uns
nicht dumm von der Seite anquatscht
dann kann auch nichts passieren . . .!

Wir sind Rocker, wir sind Rocker
doch wir stehen nicht auf Gewalt . . .!

nicht auf Gewalt!!!!!...

Radiosong

Nun hab' ich dieses Lied gemacht
und diesen Text geschrieben
und ich hab' dabei an Dich gedacht
das war letzte Nacht

Und heute morgen rief ich dann
ein paar Freunde an
und wir trafen uns im Studio

Ich hab' die Harmonien
noch 'mal in Feinschrift aufgeschrieben
und dann gab es noch Probleme
mit dem Schlagzeugsound
doch dann war alles klar, wir waren soweit
und Thomas von der Technik war ebenfalls bereit
er gab uns ein Zeichen, die Maschine lief schon
die Band spielte los und ich stand am Mikrophon
und ich sang so schön ich konnte, für Dich!

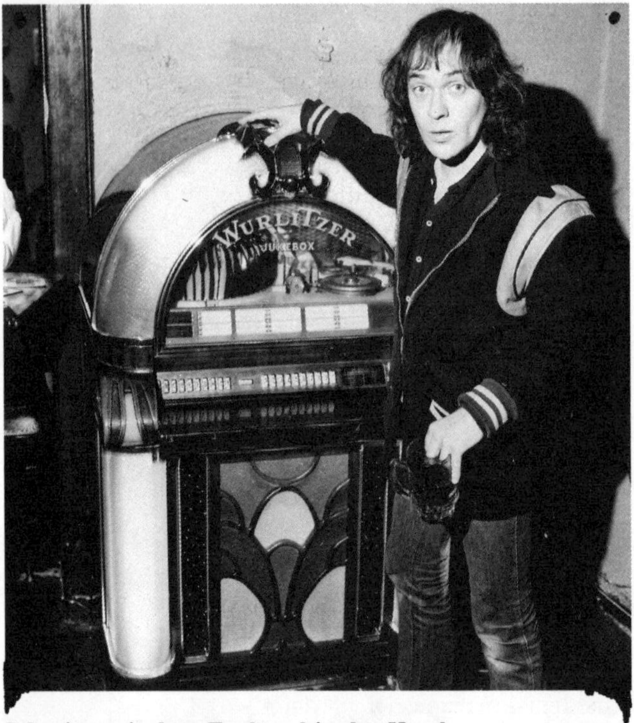

Ich ging mit dem Tonband in der Hand
zu meiner Plattenfirma, doch die sagten:
Leider geht das nicht, so ein Song verkauft sich nicht!
Es war sehr schwer
doch irgendwie hab' ich den Leuten klargemacht
daß dieses Lied sehr wichtig ist
erst haben sie mich ausgelacht, doch dann sagten sie:
OK, das Ding wird 'rausgebracht!

Und nun hoff' ich so, Du hörst dieses Lied 'mal im Radio
oder bei Freunden, in 'ner Diskothek oder irgendwo
ich weiß nicht, wo Du wohnst

ich weiß nicht, was Du machst
und ob Du nicht vielleicht über diese Platte lachst
oder hörst Du Dir vielleicht nur noch Schlager an?
Und ich hab' das alles ganz umsonst getan
ich hoffe so, Du hörst dieses Lied 'mal im Radio
wie soll ich Dich denn sonst erreichen
ich wußte nicht wie, bitte ruf' mich an
die Nummer kriegst Du von meiner Plattencompany!

Bodo Ballermann

Bodo Ballermann spielte beim
Rambo-Zambo Kickerverein
er flitzt' übern Platz, schnell wie ein Tiger
und er war der Schrecken der Bundesliga

Sah man ein' Fleck, meistens war's 'n blauer
am Schienenbein von Fränzchen Beckenbauer
oder hielt sich ein Torwart verzweifelt den Magen
hatte Bodo wieder zugeschlagen!

Hau rein, is Tango
tu ihn rein, is Cha-Cha-Cha
10.000 Leute brüll'n im Chor
wir wollen das Granatentor!
Der Torwart greift vergeblich
nach dem riskanten Ball
doch er knallt bloß mit dem Kopf an die Latte
weil Bodo gut getäuschet hatte

Weil Bodo nicht nur gut war im Spiel
sondern den Frauen auch besonders gefiel
hat er dann reichlich mit den Groupies gepennt
und viel gesoffen, so entfiel das Happy End!

Als dann die Damen ihm seinen Samen nahmen
als er dann jede Nacht in irgend 'ner Eros-Bar war
verlor er schnell die Kondition
und dann im Fußballstadion
war er bald so abgeschlafft
wie ein versoffener Clochard

Hau rein, is Tango
tu ihn rein, is Cha-Cha-Cha
10.000 Leute brüll'n im Chor
nun baller doch endlich mal wieder 'n Tor!
doch Bodo trifft den Ball nicht mehr
dafür des Schiedsrichters Maul
und der zieht die rote Karte und nuschelt ohne Zähne:
Herr Ballermann, das war Ihr letztes Foul!

Gene Galaxo

a)
1990
1990 gab es einen Sänger
jedes Kind und jeder alte Mann kannte seine Songs
in jedem Haus gab's Platten
Cassetten und Video-Filme von ihm
in jedem Wohnsilo gab's ein Fanbüro
und alle, alle liebten ihn

Seine Poster gab's millionenfach
wenn die Frauen ihn sahen, wurden sie schwach
und bei vielen Männern wurden seltene Gefühle wach
das Volk hing an seinen Lippen
wenn er sang oder sprach

Er erzählte in seinen Science Fiction Liedern
von der Ruine New York City
und vom Atomkrieg aus Versehen
er sang von den Selbstmordwellen
in den Ghettos der Automatenstädte
und von der Sexualroboterin Amoureen
er brachte seine acts im Fühlkino und im Satelliten-TV
er sang im Radio den Kriminaltango
von der US-Gangsterdemokratie
er sang vom Massenknast in Moskau
von dieser ganzen beknackten Szenerie

er sagte: Seht, es regiert Euch die Schizophrenie
in der einen Hand die Planeten
in der anderen Hand die MP
ihr steht mit einem Bein im Marskanal
mit dem anderen im Neandertal!

Zu jedem Konzert kam ein Riesen-Pilgerzug
bald waren die Fußballstadien nicht mehr groß genug
es war wie eine Epidemie
mit seiner Show und seiner Musik
und bald war er zu mächtig
für die Herren von der Politik
Die Regierungscontrollettis
und auch der Märchenprinz vom Vatikan
boten ihm 500 Millionen an
Seien Sie doch unser Mann!

Anruf des US-Präsidenten:
This is the President of the United States
I've heard a lot of what you're doing
I'd just like to offer you an invitation to
the White House. Me and my wife, we'd like
to have coctails with you and – may be 500 Million
Dollars? – What do you say?

Der Papst: Le cerciamo un posto in paradiso!
Der Sänger: No

1990 gab es einen Sänger
den man eines Abends beim Auftritt erschoß
in der Tagesschau log ein Mann vom Staat:
ein geisteskranker Fan verübte dieses Attentat!

b)
Der Mutant:
Schnell fabrizierte die Regierung
einen neuen Held
in der Retorte wurde
Gene Galaxo hergestellt
dieses Musikgenie aus der Biochemie
war bald aktionsbereit und bühnenklar
Gene Galaxo, der Mutant aus der Serie X5A
war bald der neue Übersuperstar
unschlagbar in der Musik
nicht interessiert an Systemkritik
der Präsident hat ihn persönlich programmiert
er hat das Aussehen, das die Leute
gut finden heute
er bringt die Show, die sie total fasziniert!

c)
(Auftritt des Gene Galaxo)
Leute, die Welt ist prima!
Schön ist es auf der Welt!
lalalalalalala
die uns so gut gefällt!

Früher gab's ein Wort, das hieß Problem
das strichen wir aus dem Vokabular!
Heute ist das Leben ja so angenehm
nicht wahr? Jaja! Nicht wahr?!

Mädchen

Es gibt Frauen, auf die ich überhaupt nicht kann!
Fräulein Eitel, Mademoiselle Plastic
das ist die Sorte, guck' sie Dir an!
Immer nur schön sein ist ihr Hauptinteresse
sie schmieren sich reichlich Farbe in die Visage

Und am Wochenende gehen sie dann
in den „Club Adrett"
da lassen sie sich bestaunen und sind auch sehr kokett
und Mr. Schniegelmann, der gute Sprüche kann
der macht sie an
der lädt sie erst in sein schönes Auto ein
und später in sein Bett.

Sie beziehen ihre Bildung aus den Modemagazinen
und leidenschaftlich wandern
sie von einer Boutique zur anderen
viel mehr tun sie nicht, so vertrödeln sie ihr Dasein
und ich find' das ganz schön traurig
und ich faß' mir an den Kopf
und ich sag' mir: das darf doch nicht wahr sein! (popper.. ätz!

Es gibt Frauen, die ich sehr gerne mag
die trifft man leider nicht jeden Tag
die tragen keine Maske, sind an Mode nicht interessiert
die finden es viel bedeutender
daß es im Kopf funktioniert

Die sind aktiv und kreativ, die machen reichlich Action
die spielen Gitarre in 'ner Band und singen:
I can't get no satisfaction
die dreschen auf die Trommeln, daß es nur so kracht!
Und wenn ein Spießer kommt und meint
das wär' nichts für Mädchen
dann wird nur laut gelacht!

Das fängt doch schon an
mit diesen anerzogenen Rollen
daß kleine Mädchen nicht im Dreck spielen
und sich nicht hauen
und kleine Jungs nicht heulen sollen!
Wir schmeißen diese Unterschiede einfach über Bord
bis auf den, daß die Jungs
ein U-Boot in der Hose haben
und die Ladies einen Fjord . . .!

Felix

Fred Astair ist gegen sie doch nun wirklich kein Genie
sie tanzt erheblich origineller
zu einer immer wieder gern gehörten Charlestonmelodie
steppt sie wilder und schneller
sie ist im Zirkus Sarison die große Attraktion
Alice Wonder ist ihr Künstlername
doch dann fällt das Kleid und in Wirklichkeit
heißt sie Felix und ist gar keine Dame!

Lilo + Felix Schölz

Er ist ein Liliputaner, ein Superartist
er schluckt ein Schwert
das doppelt so lang wie er selber ist
er macht 'n Kopfstand auf einem galoppierenden Gaul
er verschlingt das Feuer
doch verbrennt sich dabei nie das Maul
er gibt dem Löwen Leo einen Zungenkuß
er macht mit Elli Pyrelli einen Showkoitus
er macht Fez am Trapez, er erzählt einen Gag
und die Leute lachen sich halbweg . . .!

Dann ist die Vorstellung zu Ende
dann geht er nach Haus
er wohnt allein in seinem Caravan
er zieht sich das goldene Trikot aus
und schießt sich schöne Träume in den Arm
er denkt an Jenny, süße Jenny, die Seiltänzerin
der er vor Jahren einen Heiratsantrag machte
er hat sie sehr geliebt
sie sollte zu ihm in den Wohnwagen ziehen
doch sie empfand das nur als Witz und lachte
und am nächsten Morgen finden sie ihn
totgefixt mit Heroin
und am Abend läuft das Programm
ohne den kleinen Mann
the Show goes on, the Show must go on
auch ohne ihn . . .!

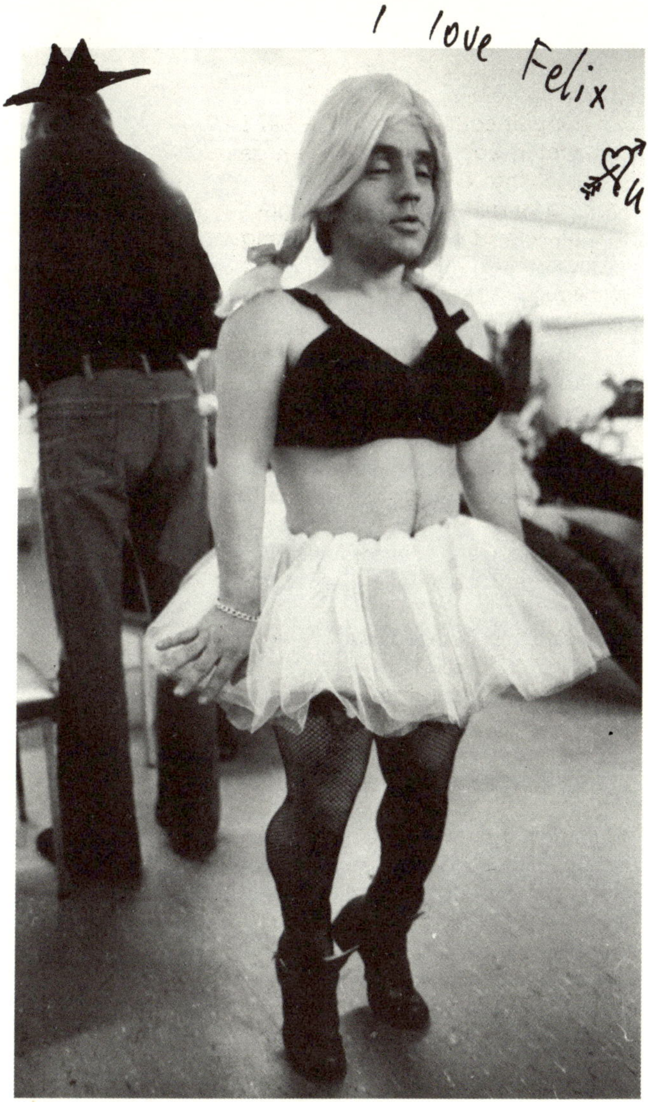
I love Felix

Candy Jane

Ich hab' jeden, jeden Film von Dir gesehen, Candy Jane
Du auf'm Pferd zusammen mit John Wayne
lila Lippen und die Haare blond
gefährliche Action mit Mr. James Bond
oder ganz cool in Hollywood am Swimming Pool

Ich hab' jeden, jeden Streifen von Dir gesehen, Candy Jane
und ich konnte Dich immer so gut verstehen, Candy Jane
doch mußte das sein
diese Knutschereien, mit'm Star oder mit'm Statist
hätt'st Du doch besser, oh, hätt'st Du doch mich geküßt

Candy Jane, Candy Jane, Candy Jane
Candy Jane, Candy Jane, Candy Jane

Dann hab' ich mir gedacht
ich flieg' jetzt nach New York
und dann landete ich auf dem Kennedy Airport
ich nahm mir ein Taxi zu Deinem Hotel
ich war nervös und mein Herz ging schnell
und dann sah ich Dich da, oh Candy Jane

Du stand'st im Salon mit 'ner langen Zigarettenspitze
und ein Dandy in Weiß erzählte blöde Witze
ich ging auf Dich zu und sag: Hallo und so
doch Du sahst mich gar nicht an
und der Typ da sagt: Schreib' an den Fan-Club
da gibt's 'n schönes Autogramm

Candy Jane . . .

Rock 'n' Roll-Band ('72)

Ich bin Trommler in 'ner Rock 'n' Roll-Kapelle
ich bin Sänger in 'ner Rock 'n' Roll-Band
Dich zu kennen, das ist groß
doch ich muß jetzt wirklich los
mit meiner Rock 'n' Roll-, Rock 'n' Roll-, Rock 'n' Roll-,
Rock 'n' Roll-Band . . .

Mädchen, ich muß doch jetzt geh'n
ich find' das auch nicht so schön
doch Du mußt versteh'n
aber Mädchen, das ist doch erregend
wir spielen bestimmt mal wieder hier in der Gegend
bis dahin hör' Dir unsre Platten an
oder Deutsches Fernsehen, Viertes Programm
da seh'n wir uns wieder, da seh'n wir uns wieder

Ich bin Trommler in 'ner Rock 'n' Roll-Kapelle
ich bin Sänger in 'ner Rock 'n' Roll-Band
meine Welt, das sind Bühnen
und eingehauene Trommelfelle
fremde Betten und Straßen und heiße Lieder
und abends der Korn gegen's Lampenfieber
und überhaupt ist mein Leben reichlich turbulent

Ich bin Trommler in 'ner Rock 'n' Roll-Kapelle
ich bin Sänger in 'ner Rock 'n' Roll-Band
Dich zu kennen, das ist groß
doch ich muß jetzt wirklich los
mit meiner Rock 'n' Roll-, Rock 'n' Roll-, Rock 'n' Roll-
Rock 'n' Roll-Band . . .

Tief im Süden ('72)

Tief im Süden hinter den Alpen bin ich gestorben
drei Liter Enzian, ich lag auf der Alm
und dann bin ich nicht mehr wach geworden
tief im Süden, wo über den Bergen die Sonne scheint
haben sie an meinem Todestag
ganz schön viel geweint

Denn ich war nicht nur der nette Junge
der Jodelfreund von nebenan
nein, ich war ja auch noch der Meisteröler
bei der weiß-blauen National-Seilbahn
ohne mich lief die nicht,
die armen Leute litten sehr
denn da konnten sie ja nun erst mal nicht mehr
auf ihre geliebten Berge 'rauffahr'n

Und sie sagten: Schade, schade!
Und sie war'n sehr deprimiert
ja, mit Bayrischer Limonade
wär' das alles nicht passiert

UDO LINDENBERG
& DAS PANIK-ORCHESTER
SISTER
KING
KONG
1976

Die Bühne ist angerichtet

Wenn ich 5 Minuten vor dem Auftritt
hinter der Bühne steh'
und mir durchs kleine Loch im Vorhang
das proße Publikum anseh'
wenn's dann plötzlich mulmig im Magen rumort
und der Lampenfieber-Vampir mich voll durchbohrt
wenn ich, obwohl ich sonst so easy bin, total vibrier'
und der Roadie bringt mir schnell
noch 'n Beruhigungsbier

Dann wär' ich lieber einer von Euch da unten
da hinten, 10. Reihe links
ich würde denken, na Popstar
woll'n wir doch mal seh'n, ob Du das bringst
ich würd' mich locker wie ein Rocker
in den Sessel hängen
und lauschte wie berauscht diesen Infernogesängen
das einzige Problem, das ich mir vorstellen kann
wie verkraftet meine Freundin
so'n erotisches Programm?

Die Flasche mit dem Kicherwasser
kreist von Mann zu Mann
ja, die Jungs von der Kapelle
knallen sich tierisch an
ein letzter Blick in den Spiegel
weil man auf Schönheit nicht gern verzichtet
und dann sagt Controlletti:
Signore, die Bühne ist angerichtet!

Emanuel Flippmann und die Randale-Söhne

So fing's ja schon an im Krankenhaus
kaum zog man ihn aus der Dame raus
krakeelte er seinen ersten Rock
doch seine Mutti stand mehr auf Rudolf Schock
trotzdem hat sie ihn sehr geschätzt
Daddy auch, der kam angewetzt
mit Blumen und 'ner Flasche Gin
und schon langt das Söhnchen hin
die Hebamme sagt: Gott Sakrament
das ist uns ja wirklich ganz schön fremd
so ein Baby, so ein ausgeflipptes
und statt an der Brust, am Schnaps da nippt es
bibabilubap

Schnuller kauen, Pofe nässen
schlabberigen Griesgrütz fressen
im Kinderwagen wurde er strapaziert
ständig haben da so Ochsenköpfe reingestiert
die haben vielleicht ein albernes Zeug geschnackt
ja, dachten die denn, er wär' total beknackt
nein, das war nicht sein Job auf Erden
drum beeilte er sich, schnell groß zu werden
bibabilubap

Später wurd' er ein Idol
Deutscher Meister im Rock 'n' Roll
Super-Groupies gab's a Gogo
daß er sie nicht enttäuschen durfte
war doch wohl logo, oder nicht? Na klar!
Die Bräute garantierten
mit der Pille, das sei klar
und sie beruhigten ihn
weil er doch so ängstlich war
er sagt: Wenn schon'n Kind
dann machen wir das bewußt

und nicht mal eben so
das fänd ich echt bestußt, find'st nicht auch? Ja klar!
er ließ die Spermazocken rocken
und neun Monate später
lief dann doch die Horrorshow
denn er war der Täter
erschüttert fuhr er zur Nabelstation
da hörte er diese Gesänge schon
die Drillingscrew krähte im Chor
der Mutti Tutti Frutti vor
bibabilubap labilubapip . . .

Aber später wurd's dann doch noch ganz nett
er gründete das Spezialquartett
und heute in Hollywood kassieren sie Monsterlöhne
Emanuel Flippmann und die Randale-Söhne

Rätselhaftes Bielefeld

Als ich neulich bei 'ner Rangelei
mit'm Hai ums Leben kam
und mich Poseidon in seine
Algenarme nahm
und mich runterzog auf den Meeresgrund
und durch den Grund hindurch
und noch viel tiefer
da kamen wir schließlich an so'n rotes Tor
und dann rief er:

Mephisto, Mephisto
hier ist ein Neuer
steck' ihn in den Ofen
und schmor ihn schön in Deinem Höllenfeuer!

Ich sagte: Das kann nicht Ihr Ernst sein
was hab' ich denn schon gemacht
'n bißchen rumgesoffen, bißchen geflucht
und wegen der Nächstenliebe
mal'ne Dame von innen besucht
ich hatte mit der Kirche nicht viel im Sinn
ich ging nur einmal hin und dann nie mehr
doch dafür jetzt n' Sauna-Abonnement
das find' ich nun wirklich nicht fair!

Da kratzt sich der Teufel verlegen am Horn
und meint: Genau genommen
muß 'n Typ wie Du, so'n keuscher Junge,
natürlich in den Himmel kommen
das träf sich sowiesiewieso sehr gut
weil Du ja Musiker bist
denn auf Wolke 127 fehlt zur Zeit ein Posaunist!
Und sehen wir uns nicht in dieser Welt
dann sehen wir uns in Bielefeld!

Dann brachten sich mich zum Fahrstuhl
und durch den Liftlautsprecher
tönte der Sound von 1000 Schalmeien
und dann traf ich Gott persönlich
er begrüßte mich sehr versöhnlich
und er lud mich auf 'n Glas Ambrosia
und 'ne frische Hostie ein

Und dann nahm ich Platz auf meinem Cumulus
und man erzählte mir, wie man tröten muß
das Halleluja-Oratorium
doch auf die Dauer wurd' mir das zu dumm
immer nur Posaunenstoß
sonst war absolut nichts los
die Flatterdamen lebten sehr abstinent
geengelt werden durfte nur am ersten Advent!

Es gab da überhaupt keine Action-Abteilung
und ich war von Tag zu Tag mieser gelaunt
und dann erwog ich auch bald meine Abseilung
in den Ewigen Underground:
Und sehen wir uns nicht in dieser Welt
dann sehen wir uns in Bielefeld!

Und so flog ich los
Millionen Meilen
bis ich schließlich zur Venus kam
und da nahmen mich die Orgienengel
lüstern in den Arm:
Und hier bei uns in dieser Welt
ist es geiler als in Bielefeld

Beulefeld

Satellit City Fighter

Freddy sitzt jeden Tag am Hafen
und die Schiffe fahr'n vorbei
nach Rio de Janeiro und nach Hawaii
diese Abflugsathmosphäre
wie gern er doch Seemann wäre
doch der Meister von der Reederei
sagt: Für Dich ist an Bord keine Koje mehr frei!

Und so fährt er abends wieder zurück nach Betoncity
Block 912, Wohnklo Nr. 4
und seine Illusionen verwandeln sich in Aggressionen
und um cool zu bleiben
besäuft er sich mit dem
Supermarkt-Sonderangebotsbier
Seine Eltern haben ihn hängenlassen
die Schule war 'ne Pleite
dieses langweilige Schnarch- und Gähneprogramm
kam bei ihm überhaupt nicht an

Der Pauker sagt: Es wird immer fataler
Dein Weg wird immer schmaler
und da hat ihm Freddy die Fresse poliert
seine Nerven waren einfach schon zu strapaziert

Und dann haben sie ihn gefeuert, schlechte Aussicht!
Kriegst keinen Job auf'm Dampfer
und auch anderswo nicht
'n paar Freunde von ihm
haben zwar die Schule zuende gemacht
das hat ihnen aber auch keinen Job gebracht

Und nun lungert er rum mit denen
im Neue-Heimat-Ghetto
und er nennt sich »Satellit City Fighter«
und er geht, um sich die Kohlen
aus den Automaten rauszuholen

das ist immer noch besser
als Fließband-Ex-und-Hopp-Hilfsarbeiter

Er prügelt sich gern und ist meistens voll
doch er merkt, auf die Dauer ist das auch nicht so toll
der große Bruch ist sowieso zu riskant
10 Jahre Knast wär nicht so charmant

Doch er ist kein Fuzzi, er ist kein Verlierer
und Durchhängen hat nun absolut keinen Sinn
und so packt er alle Energien, die er hat
in den Kopf und verläßt diese Abtörnstadt
es wird zwar hart, doch er weiß, er kriegt's hin

Der Teufel ist los

Meine Freundin Romi, ich liebe sie so
'ne Love-Story wie im Kino
wenn ich sie nur seh', trommelt mein Puls 'n Samba
mir kocht der Blut. Caramba!

Es gibt nur ein Problem,
das haben wir nun schon seit Jahren
der Satan ist in ihren Body eingefahren
manchmal übernehmen die Dämonen die Regie
dann gebärdet sie sich in wilder Hysterie ...

Grüß Gott, ich bin der Exorzist
daß Du verfluchtet bist, heißt es
ich bin beauftragt im Namen
des Vaters, des Sohnes und des Heiligen Geistes

Udo: „Pack Dein' Rosenkranz ein
und auch das Kruzifix, Exorzist
nachher ist der Teufel zwar 'raus
doch was nützt es,
wenn mein Baby dann übern Jordan ist!

Wir hatten früher mal'ne Privataudienz
bei seiner Hochmerkwürdigen Totaldekadenz
ich bat ihn um Hilfe, errette mein Weib
und sie zeigte ihm ihren geschundenen Leib
da kriegt' er nasse Augen und sagt:
Ich mach das sonst nie
doch in diesem Fall hätt' ich Bock
auf 'ne Spezialtherapie
er griff ihr an den Corpus,
doch sein Messdiener sprach:
Paulchen, Du weißt doch, das ich das nicht vertrag!

Sister King Kong

Sie sah aus wie die Schwester von King Kong
war 2 1/2 Zentner schwer
sie war die Meisterin im Catchen,
im Leute zerquetschen
war gefährlich wie ein Grizzlybär

Mit der Grazie einer Elefantin
stieg sie in den Ring
zu dieser dreisten Provokantin,
und sie sagt: Ich zermalm' Dich
und nicht zu knapp
bei diesem Kampf gibst Du den Löffel ab!

Und überall auf dieser katastrophengeilen Welt
wurden Millionen Wecker gestellt
und morgens um 5 hingen sie vorm Fernsehbild
in der Hoffnung, heut' wird original gekillt!

Gleich kommt der Gong
Sister King Kong
doch erst noch das Banner
und der Nationalsong
Arme wie Keulen
Beine wie Säulen
selbst Ex-Weltmeister Ali
ist Dein Fan
Catch as catch can

Bei diesen Gladiatorenkämpfen
kassieren sie Millionen
und da fühlte ich mich animiert
ich steh' ja sowieso auf Horrorshow
und da hab' ich erst mal hart trainiert

und die Welt stand Kopf, als beim Titelfight
sie in der ersten Runde kapitulierte
als ich ihr zeigte, was Trumpf ist
und ihr locker in den Rumpf biß
und ihr geil mit dem Seil den Hals massierte!

Gleich kommt der Gong
Sister King Kong

Catch as Catch can

Jenny

Jenny ging noch zur Schule
doch was da passierte
nervte sie sehr
die streben da rum, die Beamten von morgen
Horror vor der Zukunft, Zeugnissorgen
gerade erst 16, doch jetzt schon keine Power mehr

Selten, daß mal einer das Maul aufmacht
und dem Pauker so richtig die Meinung sagt
die Duckmäuser kriechen ihm lieber barsch
für 'ne gute Note in den . . . und Jenny denkt:

Weg, weg, abhauen, weg
ich mach 'ne Biege, ich mach 'ne Fliege
weg, weg, abhauen weg! Ich will Randale!

Jenny schloß sich ein in ihr Zimmer
sie knallt' den Saphir in die Rille
und abends in der Küche
klopft der Alte seine Sprüche:
Du siehst das alles durch die falsche Brille
denk an Krise und Inflation
sonst landest Du später bei der Bahnhofsmission!

Und so wühlt in ihr der totale Stress
wie das Ungeheuer von Loch Ness
Sie träumt von Abenteuer, von der großen weiten Welt
und dann hat sie sich an die Autobahn gestellt

Weg, weg, abhauen, weg
ich mach 'ne Biege, ich mach 'ne Fliege
weg, weg, abhauen, weg! Ich will Randale!

Und dann kam sie an, in München an der Isar
und sie törnte sich an
bis sie schief war, wie der Turm von Pisa
und dann rannte sie rum
auf der Suche nach Sensationen
sie sagte: O, Mann, das verschärfte Leben fängt an!

Und abends ging sie in den Larry-Laden,
wo die Band lärmte, für die sie so schwärmte
da traf sie 'n Typ mit der gleichen Antenne
und ausgerechnet der war Lehrer an 'ner Penne
und als sie sich dann liebten
sagte er: Jenny, weißt Du, manchmal möcht' ich auch
weg, weg, abhauen, weg

Doch flüchten hat eigentlich auch keinen Zweck
wir könnten zwar los, auf Never Come Back
doch die Schule ändern, das wär' der wahre Gag!

Meine erste Liebe

Du kannst Dir echt nicht vorstell'n
wie sehr ich Dich geliebt hab'!
Du warst die erste Frau für mich
und ich verlor fast den Verstand
ich weiß noch, als Du da reinkamst
in unseren Rock 'n' Roll-Club
da ist mir auf der Stelle die Sicherung durchgebrannt
ich hatte mich immer für'n coolen Jungen gehalten
doch die Kinnlade klappte mir weg
und das Bierglas flog mir aus der Hand!
Und ich spürte sofort
daß Du irgendwie wie Rauschgift warst
und ich sagte: O.k. Göttin
ich gestehe, daß ich süchtig bin!

Dann ging das los
wir waren wie besessen
wir konnten nicht mehr schlafen
wir konnten nix mehr essen
wir waren nur noch in totaler Aufruhr
wir hingen zusammen rund um die Uhr
daß das immer so bleibt
mit Ewigkeitsgarantie
das war unsere feste Meinung
und warst Du auch nur 'ne halbe Stunde weg
kriegte ich sofort 'ne Entzugserscheinung

Und dann die ersten Pettingaktionen
auf dem Rücksitz meiner alten Karre
ich tapezierte Dich mit Küssen
und war geladen wie 'ne Knarre
es war utopisch erektiv
als ich das erste mal mit Dir schlief
es tat Dir zwar 'n bißchen weh
doch trotzdem haben wir die Sterne geseh'n

Das Mädchen: Da war nur eine Sache
die haben wir nicht gecheckt
daß Eifersucht bescheuert ist
vor allem, wenn nichts dahintersteckt
Du hattest so 'ne Angst vor andern Jungs
und ich vor andern Frau'n
und da haben wir uns in unserm Käfig
aus Liebe fast die Köpfe eingehau'n
Udo: Dann war Schluß
und ich drehte durch wie ein Idiot
ich heulte tagelang
und es war wie ein kleiner Tod

Und jetzt treff' ich Dich zufällig wieder
in der Schnöseldorfer Plastikallee
und ich merk', daß ich inzwischen

doch schon ganz schön drübersteh'
wir reden ein paar Takte, doch du hast nur noch
Small-Talk drauf
und Dein Modekasper
fordert Dich zum Weiterschlendern auf
Du bist mir unheimlich fremd
und ich bin so komisch berührt
und es ist wie Nostalgie-Kino
und der Film wird noch mal vorgeführt
es schmerzt ein bißchen, ich seh'
Dein Gesicht ist vom Spießertran gezeichnet
und als Droge bist Du leider
überhaupt nicht mehr geeignet!

Und Deinetwegen hätt' ich mich
damals beinah' umgebracht
mit den Tabletten in der Hand bin ich rumgerannt
die ganze Nacht
aber mein Mut – und das war sehr gut –
hat dann doch nicht mitgemacht ...

„Udo on the Rocks"

Der Herr von der Frigidaire AG
hatte eine sensationelle Idee:
Wir frieren Sie ein, dann sind Sie Udo On The Rocks
sie liegen sicher und cool wie die Kohle in Fort Knox!

Heutzutage ist sowieso nicht viel los
im Moment kein Trend, es wird reichlich gepennt
Flower-Power-Hippie-Woodstock-Euphorie
finito ist die Rock 'n' Roll-Philosophie!
Und der Demonstrant von '68
hat sich lange schon verpißt
und Bonzen tanzen heute den Underground Twist!

Ich sagte: O.k., das leuchtet mir ein!
Und dann legten sie mich in das Eisbett rein
geplant war 'ne 1000jährige Ruhe
neben Walt Disney in der Tiefkühltruhe

Doch schon nach läppischen 100 Jahren
hat 'ne weltweite Dürre das Projekt versaut
man brauchte jeden Liter Wasser
weil die Vorräte alle waren
und da haben sie mich wieder aufgetaut
ja, und als man mich vom Eise nahm
war ich der Spion, der aus der Kälte kam!

Das erste, was mir nun passierte
war, daß der Kanzler mit mir telonanierte
er sagt: Die Panik-Partei schuf das perfekte Deutschland
zufriedene Fuzzies von den Alpen bis zur Waterkant

Das einzige, was uns verunsichert
es wird überhaupt nicht mehr gekichert
das Leben ist sahnig, doch die Leute sind tranig
nur Lethargie, keine Action auf der Szenerie!

Ich sag': Wissen Sie, die Lösung mit dem Supereffekt
aus jedem Wasserhahn fließt jederzeit der Antörnsekt
wenn die Leute dann high sind, gibt's nur noch eins zu tun
laß' sie durch die Gegend gleiten
auf Rock 'n' Roll-Schuhen
jede Kirche, die leer steht, funktioniere sie um
in ein orgienmäßiges Rambo-Zambo-Zentrum
Militär wird abgeschafft, das wär' ein geiles Ding
wenn Krieg ist, steigen die Staatschefs selber in den Ring
die Kohle, die der Staat schon auf diese Weise spart
die leitest Du um ins Highlife-Ministerium
da sitze ich, das wär doch sehr genehm
und arrangier' Freiflüge durchs Sonnensystem!

Rock 'n' Roll-Arena in Jena

Ich würd' so gerne mal bei euch singen
meine Freunde in der DDR
'ne Panik-Tournee, die würd's echt bringen
ich träume oft davon, wie super das doch wär!

Doch die Funktionäre sind noch unentschlossen
diese „westliche Müllkultur" sei nichts für die Genossen
wann sehen die Herren endlich mal klar
und bauen die Rock 'n' Roll-Arena in Jena?

(. . . oder bleibt die DDR
in Sachen Kulturaustausch weiterhin
die „Deutsche Desillusions Republik?)

Panik-Tournee!

Rostock
Dresden
Leipzig
Jena
Weimar
Frankfurt-oder?
Magdeburg
Karl-Marx-Stadt
. . . . . .

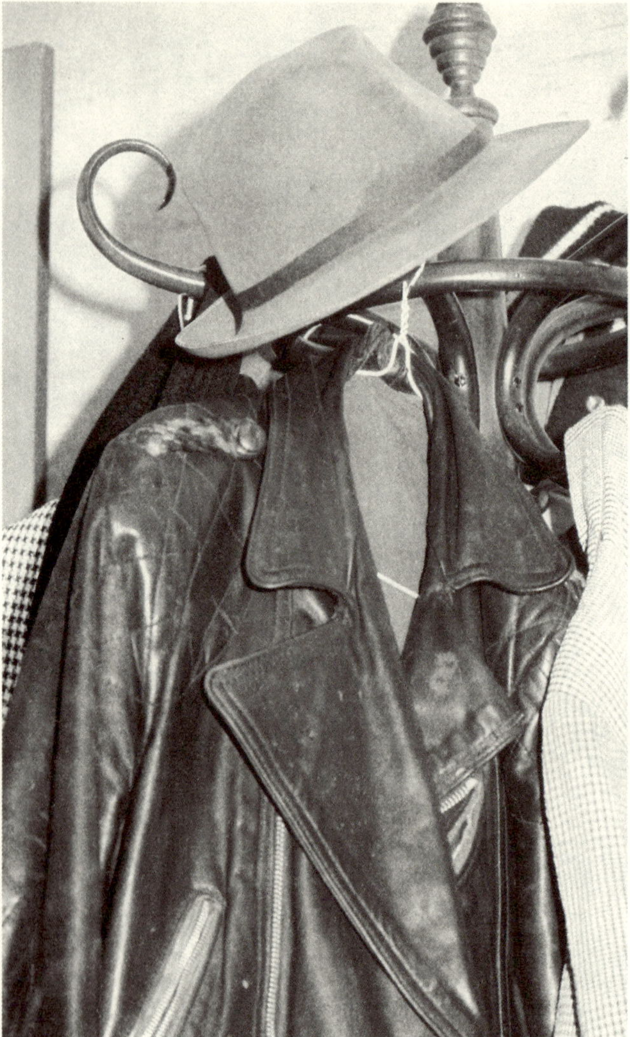

'77

Mister Nobody

Morgens, so gegen dreizehn Uhr zehn
werde ich geweckt
und es wird mir 'ne Packung Speiseeis
in den Frühstücksmund gesteckt
ich freu' mich, und gähn' noch mal durch
und dann kicher' ich vor mich hin
denn in der Zeitung steht schon wieder drin
was ich für ein böser Bube bin
es ist ein Leben wie auf einem Silbertablett
von Kameras umgeben, auf dem Präsentierparkett
und ich denk mir: Heut' bleib ich lieber im Bett –!

Wenn er dann rausgeht, stolpert er über die Fans
die im Hausflur auf ihn warten
er setzt sich dazu, bemalt Arme und Beine
und verteilt seine Hochglanzkarten
und in den Kneipen haut man ihm auf die Schulter
so daß sie ihm fast bricht
doch er weiß, wie das gemeint ist
und deshalb weint er nicht

Manchmal träumt er, er wär wie früher
ein Mister Nobody
und er streunt durch die Gegend
und hängt rum in dunklen Cafés
und wilden Séparées
keiner fragt, wer er ist, selbst wenn er dreist
der Serviererin in das Strumpfband beißt
er wär' ein Nobody, ein Mister Nobody

NOBODY

Er fragte sich schon bei mancher Frau
die ihm so unterkam
war es sein Name, der Ruhm, die Kohle
oder war es sein privater Charme?
Und manche große Liebe ergab sich leider nicht
denn hinter all den Postern
sahen sie nie sein echtes Gesicht

Manchmal träumt er, er wär wie früher
ein Mister Nobody
und er streunt durch die Gegend
und hängt rum und schläft im Stadtpark
keiner fragt, wer er ist, selbst wenn er kühn
sein Lasso nach dem Mond schmeißt
um den runterzuziehn
er wär' ein Nobody, ein Mister Nobody

Er hätte sicher nicht ganz so viele Freunde
doch falsche Freunde gibt es sowieso zuviel
vielleicht nur einen, der total zu ihm hält
mit dem er die Welt auf den Kopf stellt
er wär' ein Nobody, ein Mister Nobody

Riki Masorati

An den Boxen steht Nora Nagelmann
und reckt den Hals wie 'ne Giraffe
denn Riki Marorati dröhnt vorbei
wie ein Kamikazeaffe
gedresst in Asbest und in Angst
so daß er ins Cockpit näßt
doch volles Rohr, sonst wird das nix
mit dem hochdotierten Grand Prix

Riki Masorati mit dem Bleifuß
fährt als Formel-1-Pilot
in jeder Kurve kichert der Tod
bremset er zu spät, ist alles finito
bremset er zu früh, hat er das Rennen verloren –
rauscht er gegen die Balustrade
hat er angebrannte Ohren!

Grant Pricks
76

So wie damals im Crashy-Hospital
da ist er wieder aufgewacht
und sie hatten ihm versehentlich
ein Auge am Hinterkopf angebracht
er war sehr geschockt und meint'
was ist hier eigentlich los?
doch Professor Dr. Abwiegel
sagte: Seh'n Sie doch mal, wie praktisch das ist
da brauchen Sie nie wieder einen Rückspiegel
und sein Gesicht hatten sie zu sehr geliftet
er hatte hinten nur noch ein Monoohr
und seitdem hört er leider nicht mehr
den Stereosound
von seinem Brüllmotor

Riki Masorati mit dem Bleifuß ...

Gestern passierte es wieder
daß nach dem Rennen auf dem Nürburgring
sich ein Versuchs-Niki-Lauda-Fahrer
an einem Baum verfing –
doch der war ja nur
ein kleiner Rennrauschfamilienvater
da war man nicht so interessiert
da macht man nicht soviel Theater

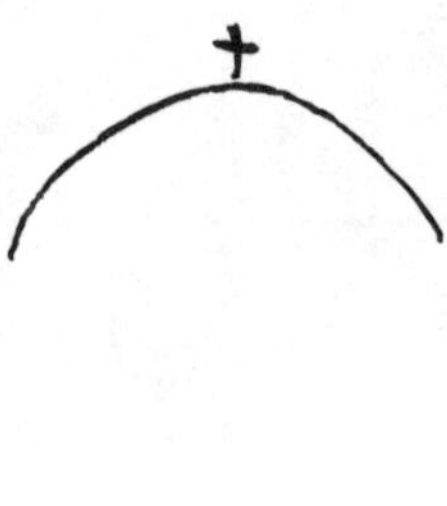

Schneewittchen

Sie war siebzehn, als ich sie kennenlernte
irgendwo im Ruhrgebiet
sie war kein Greenhorn, diese süße Blasse
sie war ein Mädchen der kosmischen Klasse
ich war eine Nacht mit ihr zusammen
und ich stand in Flammen!

Sie sagte: Früher stand ich den ganzen Tag
am Flipperautomat
Discos und Kinos, das bockte nicht mehr
doch dann kam Joe, der kleine Pusher
den liebte ich total
der sagte: Hier hab ich die Lösung
ey, probier' doch mal!
– Joe hat mich längst verlassen
er ist schon lange nicht mehr hier –
doch die treue kleine Schwester, die blieb bei mir

Und sie sagte: Es tut mir sorry für Dich
warum fliegst Du nicht auch wie ich
auf bunten Riesenflügeln
hoch über dieser nüchternen Welt?
Was glaubst Du, warum ich so happy bin
das steckt alles in dieser Nadel drin –
und wenn er zu hart wird, dieser Törn
kann ich jederzeit aufhörn!

Ein Jahr später hab' ich sie wiedergesehen
und sie nannte sich Schneewittchen
ihre Augen waren wie das Bermudadreieck
sie zogen mich in die Tiefe, und ich war ganz weg
doch auf dem Grund sah ich den heißen Schnee
und ich wußte, sie verbrannte, und es tat mir sehr weh

Heute haben sie mir erzählt
Schneewittchen lebt nicht mehr
sie kam zu nah an die Sonne mit dem letzten Schuß
ihre Flügel schmolzen wie die von Ikarus
sie verreckte im Bahnhofsklo
als sie 'ne Überdosis nahm
die mörderische Fixe steckte noch in ihrem Arm

Und durch die Halle geht ein Mann
seriös und akkurat
er ist das Superschwein
vom Kinderkillersyndikat
und im Koffer zwei Kilo Winterlandschaft
für die tödlichen Weihnachtsfeiern
seine Weste so weiß wie Schnee
und er fährt mit dem Intershitty
bis Brown-Sugar-Town
1. Klasse TEE

Der sizilianische Werwolf

Als er mit seinem ersten Mädchen im Arm
und mit Heiratsplänen nach Hause kam
nahm sein Vater ihn dezent zur Seite und sagte:
Stoß' Dir erst mal die Hörner ab, Junge –
nach dem Motto: die Liebe ist ein Zeitvertreib
man nimmt dazu den Unterleib
und später suchst Du Dir dann 'ne solide Kleine
ein anständiges Mädchen, wie Deine Mutter so eine
und der Junge dachte: Na, wenn das so ist . . .!

Und so zog er los, der sizilianische Werwolf
und er riß sich die Beute, die Hornabstoßbräute
in den Jagdgründen, die man Discotheken nennt
er zeigte vielen Mädchen seine Plattensammlung
doch eines Tages sagte er:

Schluß mit der Vergammlung!
Er suchte seine Sauberfrau
nicht so 'ne abgewetzte Ratte
die Madonna, die sein Alter ihm empfohlen hatte
und dann traf er sie, doch leider hat sie ihn geschockt
denn sie sagte: Ich hab' genau wie Du
schon reichlich rumgerockt!

Nach Monaten hat er ihr dann endlich verziehen
und sie flitterten los, für 'ne Woche nach Wien
und er erklärte sie zu seiner First Lady!
... doch es dauerte nicht lange!

Und wieder zog er los, der sizilianische Werwolf
und er riß sich die Beute, die Schnell-Service-Bräute
in den Jagdgründen, in den Büros oder so
oder irgendwo
er trieb's mit Elsa Egal und Rita Nichtwichtig
irgendwie verstand er's gar nicht
denn er liebte seine Frau so richtig –
und wenn sie weinte, sagte er:
Es ist das Tier in mir –
ich kann nichts dafür!

Fliesenlied

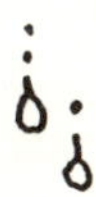

Du sangst lange genug in der Badewanne
und Dein Vibrato tropfte von den Fliesen
doch jetzt wasch es ab, das Zurückhaltefeeling
in den Abfluß mit den Komplexen, diesen miesen!

Jerry Lee Lewis zündet auch kein Klavier mehr an
und die Undergroundhelden, die wüsten
jetzt sind sie zahm
und die Himbeerbubenkapellen, sie sind mir zu lahm
komm', wir müssen mal wieder richtig
den Original-Orkan loslassen!

Teddi

Teddi, Du bist ein heißes Kind
Deine Küsse brennen heißer noch als Wüstenwind
ja, damals haben sie den Rock 'n' Roll erfunden
und Du warst ein Mann der allerersten Stunden

Yeah yeah yeah yeah yeah
Du weißt, ich komm' heut' wieder tierisch an
oh Baby, Baby, Du weißt genau
ich bin ein Mann!!!
get ready, ready, ready, Teddi
get ready, ready, go man go,
mit Entenschwanzfrisur und Schuhen, ganz spitz
so rock 'n' rollst Du los
wie ein geölter Blitz, uh, uh, uh!

Spotlight on, Begeisterungsschreie
Peter, Conny, Drafi sitzen in der ersten Reihe
Petticoats fliegen auf die Bühne
und Du bist die Rock 'n' Roll-Höllenmaschine

Yeah, yeah, yeah, uh, uh, uh . . .

Teddi, Du wirbelst los mit Deinen
Schlotter-Schlacker-Gummibeinen
Du gießt Öl in das Feuer, singst Schluckauflieder
der alte Funke zündet wieder . . .

Yeah, yeah, yeah, uh, uh, uh . . .

Sie ist vierzig

Morgens zum Frühstück kommt ihr Mann
mit dem Spruch:
Ich hab Dich lieb, doch wo ist meine Zeitung?
er glotzt da rein, und ihr fällt auch nichts mehr ein
dann latscht er ins Büro, und sie ist wieder allein
manchmal denkt sie, ich säge sie an
unsere Wasserleitung –

Und dann bestell ich den charmanten Installateur
bei Frau Nachbar geht der aus und ein
ja, sowas las sie auch schon mal im Frauenjournal –
aber weg mit solchen Ideen, und sie läßt es lieber sein!

Und dann staubsaugt sie los, im Zimmer ihrer Tochter
und wieder sieht sie das Plakat von James Dean
und sie versinkt in seinen Augen
und träumt die alten Träume
sie ist jenseits von Eden, mit zitternden Knien

Sie ist vierzig und sie fragt sich
war das nun schon alles
was für mich vorgesehen war?
Vielleicht sollte sie jeden Tag so leben
als ob's der letzte wär' –
mit so einem Typ wie Jimmy
in Californien am Meer

Als sie ihren Tarzan geheiratet hat
ganz in Weiß, '58 im Mai
da sagte er: Meine Hitze wird niemals verglühen!
Doch wenn sie sich heute einmal die Woche
im Bett bemühen
dann schlafen sie nur aneinander vorbei

Sie ist vierzig und sie fragt sich
wie komm ich raus aus diesem Wartessaal?
Mit tiefgefrorenen Träumen im Kühlschrank
bis der Sensemann kommt und sagt:
Na, dann woll'n wir doch mal –
vielleicht sollte sie jeden Tag so leben
als ob's der letzte wär' –
mit so einem Typ wie Jimmy
in Californien am Meer

Cowboy

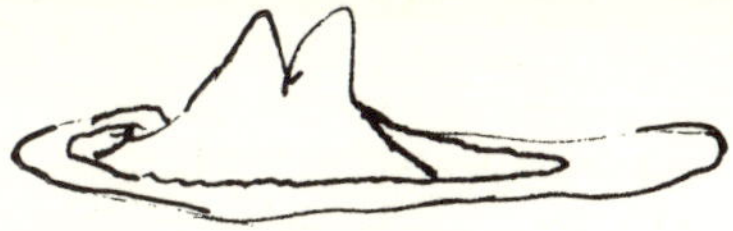

Ich war ein Cowboy, ein Mann wie ein Baum
ich ritt die wilden Gäule, auf die die Stars
sich nicht drauftraun
ich war ein Stuntman, bei Metro-Goldwyn-Müller
ich kann ihnen sagen, das war vielleicht
ein Spitzenknüller!!!

Im Wilden Westen Pferde testen
jede Menge Larry in Larramy
und Buffalo-Bill-Romantik in der Prärie

Yippy-y-yeah-Yippy-ya-yeah-Yippy-ya-yeah!

Eigentlich bin ich aus Dortmund-Applerbeck
ich war Steiger in der Zecke „Glückrunter"
doch ich wollte hoch hinaus, und dann bin ich da weg
und so zog ich nach Hollywood
Mel Brooks war mein Regisseur
doch mein Pferd war von der Brauerei –
und so kam's zum Malheur

Das dumme Ding soff öfter 'ne Tasse Bier
und hat mich trunken angestiert
und eines Tages haben wir uns vergalloppiert
in der Todeswüste

Yippy-ya-yeah . . .

Und so krochen wir im Zeitlupentempo
durch die Sierra Nevada
mein Pferd sagt: Meine Knie
sind schon so weich wie Kaugummi!
Das hat doch alles keinen Zweck
ich sterbe Dir zwischen den Sporen weg!
Und so mußte ich mein Pferd erschießen
es tat mir so leid, doch es mußte sein!

Yippy-ya-yeah . . .

Und ich hör' das Lied vom Tod!
Und so schlepp' ich mich durch den Wüstensand
nur ab und zu ein paar Kakteen
und kein Ende abzusehen!
Ich will doch noch nicht sterben!
da kichern doch nur die Erben!
NEIN NEIN NEIIIIIIIIIIN!!!

Flipper

Wenn ich jetzt nicht geh, ist es bald zu spät
dann bleib' ich hier für immer kleben
ein Junge wie ich, ständig fragt der sich
ob das die stärkste Art ist, zu leben
es fällt mir wirklich schwer, so schwer
Dich zu verlassen –
denn ich liebe Dich sehr
doch jeder weitere Tag mit Dir
macht ihn kaputt, den Zigeuner in mir

Ich muß doch erst noch den Amazonas runterrudern
mit 'ner wilden Dschungelbraut
und dann zum Himalaja, zum Schneemenschen Jeti
bevor der wieder auftaut
und außerdem mit meinen Rock 'n' Roll-Komplizen
immer wieder müde Menschen wecken
bevor wir dann in einer Manhattan-Bar
an unserem Durchdrehlebensstil verrecken

Schade, denn Du wärst sie gewesen
die Frau, zu der ich mich bekenn'
mit der ich durch ein ganzes Leben renn'
es zieht mich so zu Dir hin –
doch ich kann's nicht akzeptieren
weil ich tief drin ein Flipper bin . . .!

Wir hatten große Pläne
doch jetzt stehst Du da und weinst
es tut mir sehr weh, es tut mir sehr leid
und ich weiß, es ist hart
zu verstehn, daß ich wieder los muß
wir hatten eine viel zu starke Zeit
als ich ankam, war ich so sicher
wir sind jetzt Romeo und Julia
das lag bestimmt nicht an Dir
daß es wieder nur Durchreise
und immer noch nicht der letzte Bahnhof war!

Schade, denn Du wärst sie gewesen
die Frau, zu der ich mich bekenn'
mit der ich durch ein ganzes Leben renn'
ich gehör' zwar zu Dir, trotzdem haut das nicht hin –
weil ich doch leider nur ein Flipper bin . . .!

Sorry . . .

Udo + Eric Burdon Jan. 79

Rockin' And Rollin' ('78)

Als Bill Haley sich in meine Ohren bohrte
war ich 'n Frischling, war gerade erst zehn
ich hatte keine Ahnung
und kapierte auch den Text nicht
trotzdem konnte ich Bill gut verstehn
und zuhause knallte dieser Sound aus dem Radio
ich trommelte mit
uh – das gefiel mir so
da hab ich den kleinen Mann
im Lautsprecher gefragt
warum macht mich das so an
und da hat er mir gesagt:

Gestatten Sie, daß ich mich Ihnen vorstell'
mein Name ist Rock and Roll
Rockin' and Rollin'
Rockin' and Rollin'
Rockin' and Rollin'

Meine Väter waren die Jazzer in den Kaschemmen
von New Orleans
und meine Mütter malochten sich fast tot
in den Baumwollfeldern von Mississippi
meine Tanten hatten in Chicago
einen Honky-Tonky-Puff
und mein Onkel starb in Memphis
am Southern Comfort Suff
und meine Söhne trugen Pomade
in den Haaren
sie machten Putz und machten Schluß
mit den lahmen Jahren

Rockin' and Rollin'

Nichts macht mich kaputt, weil ich zu
lebendig bin !

Tutti Frutti

ich traf ein Mädchen
die hieß Renate
hm – das war ja so 'ne Granate
Ich traf ein Mädchen
die hieß Renate
hm – das war 'ne ganz schön harte
und als es dann losging
da merkte ich eins
sie war gar keins
sie hieß Karlheinz

Tutti Frutti

Ich traf 'n Jungen
der hieß Peter
hm - das war 'n ziemlich verdrehter
und außerdem
sehr extrem
ein Wasserbettvertreter
und als es dann losging
da wurde mir klar
daß Peter gar nicht Peter
sondern Petra war

uh Tutti Frutti — schön kaputti

Verdammt, wir müssen raus aus dem Dreck

We gotta get outa this place

In dieser dunklen Malocher-City
gehn die Schatten niemals weg
und jeder sagt, es hat hier keinen Zweck
aber ich - ich seh' das anders:
Mädchen, Du bist so jung und schön
hier krepiern wir zu früh, wenn wir nicht gehn

Mein Vater kannte auch mal bessre Zeiten
doch diese Fabrik hat ihn klein gemacht
er hat sein Leben wie ein Sklave verbracht
er kannte wirklich mal bessre Zeiten
und so wie ihm, soll's mir nicht gehn
in unserem Fall muß das anders sein
es gibt nichts zu verliern, Du wirst sehn

Verdammt, wir müssen raus aus dem Dreck
da gibt es gar nichts: wir müssen hier weg
wir müssen raus aus dem Dreck
Mädchen, es gibt ein bessres Leben für Dich
und mich

Und wenn wir jetzt auch noch nicht wissen wohin
unser Leben muß ganz anders laufen
als stupide abrackern
und sich abends vor der Glotze besaufen
meine Mutter kannte auch mal bessre Zeiten
doch dieser Törn hat sie kaputt gemacht
sie hat ihr Leben wie eine Sklavin verbracht

Verdammt, wir müssen raus aus dem Dreck

Salty Dog

Der letzte Kampf
wir gaben alles
der Sturm hat unser Schiff besiegt
und wir verlassen
unsere alte Geliebte
die im Sterben liegt

Wir sahen alle
sieben Meere
kein Land war uns zu weit
kommt hoch an Deck
geht in die Boote
es bleibt nicht mehr viel Zeit

Wieviele Jahre
und wieviele Meilen
wir haben die Ufer am Ende der Welt gesehn
weißer Strand
ein Meer wie Kristall
Inseln, die auf keiner Karte stehn
hinter dem letzten Horizont
und nach der dritten Flasche Rum

schickten wir 'ne Flaschenpost in Richtung Ewigkeit
und wir vergaßen
die Könige und die Sklaven
eine Welt voller Traurigkeit

Das Schiff versinkt
es brennt der Mast
wir rudern an den Strand
der Käptn schweigt
und weinende Matrosen
ziehen das Boot an Land

Das ist lange her
und ich seh euch an
ihr denkt: Seemannsgarn – der Alte spinnt
gib mir noch 'n Salty Dog
und ich sauf' auf die alten Jungs
die mit mir gefahren sind

Ich sitze den ganzen Tag bei den Docks

..On the docks of the bay

Den ganzen Tag sitz ich am Hafen
die Schiffe laufen ein und aus
den ganzen Tag sitz ich am Hafen
hab' keinen Job und kein Zuhaus
ich sitz den ganzen Tag bei den Docks
und alles, was ich hier machen kann
von guten Zeiten träumen
und ich guck mir Flut und Ebbe an

Ich kam den weiten Weg von Georgia
trampte zur Frisco-Bay
in der Hoffnung, hier was aufzubaun
doch jetzt glaub ich, ich sollte bald wieder abhaun
nichts, was ich hier tun kann –
die Kähne gehn auf die nächste Reise
und ich häng hier rum
verlier' meine Zeit
und das bedient mich in keinster Weise

Was soll ich machen, wenn nichts passiert?
Ich bin kaputt und deprimiert
die andern Typen hier, genauso wie ich
sie suchen Arbeit, doch die gibt es nicht

Hier hab ich nichts gefunden
außer Einsamkeit
2000 Meilen hab ich hinter mir
doch jetzt vertu' ich hier meine Zeit
ich sitze bei den Docks an der Bucht

Reeperbahn

Reeperbahn
wo früher 'mal der große Star-Club war

und das Top Ten mit all den wirklich starken Bands
jeden Abend war ich da
und war einer der ersten Beatles-Fans

Nach der Show ging ich mit Ringo zu den Damen
sie trugen Negligés und kauften uns Pommes frites
und Ringo brachte manchen losen Witz
aus Liverpool - very cool

Reeperbahn
wenn ich dich heute so anseh'
Kulisse für 'n Film, der nicht mehr läuft
ich sag dir, das tut weh

Und dann die Jungs aus Buxtehude
und aus Lüneburg
die machten Freitag nacht
bis Sonntag morgen durch
sie schluckten jede Menge Schnaps und Trips
für ihre Flips
von der wilden Welt

Reeperbahn
wenn ich dich heute so anseh'
die Abende sind teuer
doch es gibt kein Abenteuer

An jeder Ecke roch's nach Hafen
und nach Rock 'n' Roll
bei jedem Trödler gabs für 120 Mark
die Original-Gitarre von Cliff Richard
das war stark
und jeder Musiker erzählte seinem Groupie:
Du wirst es sehn - ich werd' ein weltberühmter Star
doch heute legt er in 'ner Disco Platten auf
und sie macht Striptease
in einer Nepper-Bar

Süße kleine Sechzehn

Sie rocken los in Boston
in Pittsburgh Pa
und auch unten in Texas
rund um die Frisco Bay
genauso wie in St. Louis
und in New Orleans
ist jeder Junge ganz verrückt
nach Sweet Little Sixteen

Süße kleine Sechzehn
sie weiß, was sie will
'ne halbe Million Fotos
von Elvis, Chuck und Bill
und wenn 'ne Band in die Stadt kommt
dann ist sie da
mit großen feuchten Augen
verschlingt sie ihren Star

„Oh Mammi, Mammi
bitte, sieh das ein
ich will mich schminken, wie die andern auch
ich bin doch nicht mehr so klein
Oh Daddy, Daddy
bitte, laß mich gehn
sag der Mammi
Du hast nichts gesehn"

Süße kleine Sechzehn
sie wär so gern 'ne Frau
mit Schaumgummibusen wie die Monroe
und dazu die Stöckelschuh-Schau
doch am nächsten Morgen
kannst du sie sehn
als süße kleine Sechzehn
in die Schule gehn

Der Boß von der Gang

Geht sie wirklich mit ihm?
Frag sie doch – da ist sie!
Betty, ist das ein Ring von Jimmy
den Du da am Finger hast?
Hm – mit ihm auf dem Motorrad, das muß wahnsinnig sein.
Holt er Dich heute nach der Schule ab?
Hm, hm! Wo hast Du ihn eigentlich kennengelernt?

Ich traf ihn vor dem Supermarkt
er drehte sich um, kam auf mich zu
und sagte: Hey Baby, ich bin der Boss von der Gang!
Zuhause wollte das keiner sehen
mit Jungs aus diesem Teil der Stadt kann man nicht gehen
er wäre ein ganz gemeiner Rockertyp, doch ich –
ich hatte ihn so lieb, meine große Liebe –
der Boss von der Gang

Mein Daddy war sauer:
Mach Schluß mit Jim!
Und Jimmy sagte: Was sollen wir tun?
Ich sagte: Laß mich in Ruh!
Verzeih – das tat weh, mein Boss von der Gang!

Er war so zärtlich
vergiß mich nicht!
Er stieg aufs Motorrad
Tränen im Gesicht

Es regnete in dieser Nacht
ich flüsterte noch:
Paß auf Dich auf Jim – gib acht

No, no, no.

crash

Ich war so hilflos: Was war geschehen
warum müssen solche Träume vergehen?
Sie alle starrten mich an – ich schrie:
Das habt ihr getan!

Niemals vergess ich – den Boss von der Gang!

Sympathie für den Teufel

Erlauben Sie, daß ich mich vorstell
ich bin ein Mann von Welt und Stil
ich gehe um seit einer Ewigkeit
raube Seelen, kenne kein Gefühl

Ich war da, als Jesus voller Zweifel war
und er rief in seiner Qual
und als Pilatus sich die Hände wusch
erfüllte sich sein Schicksal

Angenehm, erraten Sie, wer ich bin?
Was Sie irritiert, ist mein Handeln ohne Sinn

Ich schlich herum in St. Petersburg
an jenem Oktobertag
riß den Zar von seinem Thron
Anastasia schrie und unterlag

In vielen Kriegen war ich Panzergeneral
und machte aus der Welt ein blutiges Tal

Angenehm, erraten Sie, wer ich bin?
Was Sie irritiert, ist mein Handeln ohne Sinn

Ich lachte laut, weil die Lügner regier'n
sie schaffen Götzen, für die ganze Völker krepier'n
ich hab gebrüllt, wer hat die Kennedys gekillt
waren es denn eigentlich nicht Du und ich?

So erlauben Sie, daß ich mich vorstell
ich bin ein Mann von Welt und Stil
für Sänger leg ich Fallen
sie sterben in kalten Musikhallen

So wie der Frömmste fallen kann
und jeder Sünder heilig ist
nenn Du mich Engel Luzifer
weil man den wahren Namen zu oft vergißt
so hab Respekt, wenn Du mich triffst
mach's mit Sympathie und Verstand
und zeige mir, wie höflich Du bist
oder ich hab Deine Seele in der Hand

Rocky

Immer noch verrückt nach all den Jahren

Ich traf sie wieder
letzte Nacht – wir haben uns sehr gefreut
zehn Jahre hatten wir uns nicht gesehn
und ich goß ihr Drinks
ins Dekolleté
und wühlte wild in ihren Haaren
und sie sagte:
Du bist ja immer noch so verrückt –
immer noch crazy nach all den Jahren

Am nächsten Nachmittag
hab ich sie besucht auf'n Tee
ihr Mann ist der Kaffeekönig von der
Elbchaussee
doch dann bin ich mit ihren Teeny-Töchtern
so richtig abgefahren
und sie schmiß mich raus
ich wäre zu verrückt
immer noch crazy nach all den Jahren

Und wenn ich sechzig bin
bin ich zwar
ein graumelierter Rock-Opa
wenn's geht ohne Kalkwerk im Kopf
und dann spring ich auf die Bühne
und zeig' den Jungs
wie wild die siebziger waren
und sie sagen: Ganz schön verrückt –
immer noch crazy nach all den Jahren

Øle Pinguin (Nov. '78)

Meine letzte Expedition
führte mich zum nordischen Pol
die Bellos zogen die Schlitten
und wir fühlten uns pudelwohl
und nach 19 Tagen und Nächten
hatten wir das Ziel erreicht
plötzlich seh' ich ein Wesen
bis zum Nabel im Schnee
das da durch die Gegend schleicht

„Hallo, Schnee-Indianer, wie geht's denn so?"
fragte ich ihn:
und was machen Sie, außer Löcher ins Eis hau'n
und 'n Fisch 'rauszieh'n?
Außer auf Eisbären reiten
und mit Hunde-PS über Gletscher gleiten?

Er sagt': Ich heiße Øle Pinguin
und ich lebe hier sehr gern
beachten Sie die Romantik
und es leuchtet der polare Stern
manchmal ist es 'n bißchen kalt
doch wenn ich frier'
dann greif ich mir 'ne Eskimöse
und wärme mich an ihr!

Dann crem' ich sie ein
mit Lebertran und Walfischfett
und dann sag' ich verschmitzt:
Bist Du auch so erhitzt?
Komm, wir schmelzen unser Gletscherbett!

Der Abschied stand ins Iglu
wir trauerten in Tiefkühl-Town
ein letztes Mal knutschte ich

die Nasen der schönen Frau'n
und den Øle fragte ich
ob er mit nach Hamburg kommen will?
Er sagte: Na klar, denn an der Alster
an der Elbe, an der Bill
kann ein jeder eder moken, wat er will! (Schön wär's!)

Und dann sah er dieses Land
und verlief sich im Kaufhaus-Meer
Lamettaland, Müll und Chemie
und die Mitternachtssonne, die fand er nie
und außerdem wär's viel zu heiß
und trotzdem viel kälter als im Eskimo-Eis
und warum, fragte er, sich im Süden, im warmen
die Leute denn so selten 'mal umarmen

Øle Pinguin
wollte lieber wieder nach Grönland zieh'n
er winkte sich 'n Schlitten 'ran
bloß weg und schnell zurück!
Was ihr hier aus euerem Leben macht
das ist doch bloß Konservenglück

Wir cremen uns ein mit Lebertran
und mit Walfischfett
und dann sagen wir verschmitzt:
Bist Du auch so erhitzt?
Komm, wir schmelzen unser Gletscherbett!

Höllenfahrt

Er steht auf der Bühne
und sie nennen ihn Rock 'n' Roll-Raubtier
und er hat ja auch die Leopardenhose an
was er säuft und schluckt und raucht
wieviel Bräute er verbraucht
steht in jeder Zeitung drin
und heute ist er hier

Doch er ist nur so 'ne Art Traum-Dompteur
und das Spot-Light erhitzt ihn sehr
und er gibt ihnen die Peitsche
und sie fressen ihn auf
jeden Tag ein bißchen mehr

Er brannte wie ein Feuerwerk
das glitzert und funkelt und knallt
zwischen Suff und Drogen ist er abgestürzt
er war erst 32 Jahre alt!

Im Autobahn-Hotel wacht ein Typ morgens auf
und neben ihm liegt dieser schreckliche Monster-Kater
und dann geht das Telefon
und die Presse wartet schon
auf 'nen neuen Skandal
oder irgend so 'n Kommerz-Theater
sie verkaufen seinen Kopf und seine Gefühle
täglich Stück für Stück
doch was nützt ihm das Konto
er fühlt sich allein
und was er gibt, kriegt er nie zurück

Er brannte wie ein Feuerwerk
das glitzert und funkelt und knallt
zwischen Suff und Drogen ist er abgestürzt
er war erst 32 Jahre alt

Lady Whisky

Sonntag nachmittag – draußen Regen
Langeweile, und es wurde immer schlimmer
während die anderen saßen
und Kuchen fraßen nebenan im Flimmerkastenzimmer
er war 16 Jahre alt
und zum Abendbrot präsentierte Köpke
zwischen Käse und Kakao
Katastrophen, Krieg und Krisen
und diese ganze blöde Welt in der Tagesschau
und er hatte genug von alledem
und er ging in die Kneipe und ballerte sich zu
und die Wirtin sagte: Na, Du süßer Bengel, Du?

Und er war der blaue Engel
und er goß sich einen 'rein
diese Welt kann doch trotzdem
so unbeschreiblich schön sein!
Und mit der hochprozentigen Braut
wurde er bekannt
die er wahnsinnig berauschend
und am nächsten Morgen zum Kotzen fand

Lady Whisky, sie hat so schöne braune Augen
brauchst nur auszusaugen!

All die Jahre hindurch, wenn er traurig war
war sie immer für ihn da
wenn die Welt so höllisch
und der Himmel verschlossen
und der liebe Gott mal wieder auf fernen Reisen war
aber auch, wenn es ihm gut ging
sie war immer dabei
und gab ihm ihre nassen, scharfen Küsse
und die Sonne ging auf, und sein Kopf ging unter
und langsam ertrank er in der Alkohol-Pfütze
und dann ganz tief in der Grütze
merkte er: die bringt mich ja um!
Sie hat mich belogen und betrogen

Nein, ich bin nicht mehr Dein blauer Engel
ich will mich von Dir befreien!
Daß Du mich beinah' gekillt hast
das werde ich Dir nie verzeihen!

Ich guck morgens in den Spiegel:
Meine Augen stumpf und rot
Lady Whisky, Du falsche Schlange
Du sprichst vom Leben
und machst mich langsam tot

No!

Guten Tag, ich heiße Schmidt!

Seit vielen 100 Jahren gibt's ein Wesen
das heißt Schmidt
hält immer schön die Schnauze und macht alles mit
ganz egal, worum es geht
es wird ständig mitmarschiert
woher der Wind auch weht
wenn er bloß den Anschluß nicht verliert
bei jeder Mode ist er immer stramm dabei
vom ersten Tanztee-Tango bis zum letzten Disco-Schrei

Guten Tag, ich heiße Schmidt, und ich mache alles mit!

Der Große Bruder nimmt Dich lächelnd
an seine starke Hand
er dreht Dir Fassaden an und klaut Dir den Verstand
hätten Sie gern ein weißes Jäckchen im Travolta-Stil
oder 'ne goldene Sicherheitsnadel
mit Revolutionsappeal?
Guten Tag, ich heiße Schmidt, und ich mache alles mit!
Jawoll!
(wir machen nicht mehr mit)!

Na und?!

Ich saß im Café, ich wollt' 'n Text schreiben
doch mir fiel überhaupt nichts ein
und plötzlich kamst Du
und sagst: Zu zweit geht es besser
Du würdest mir behilflich sein
es machte „klick", und wir verstanden uns prima
und später zogen wir durch die Gegend
es war ein wildes und tolles Klima
wir mochten uns sehr — immer mehr
und dann sagtest Du:

Ey, irgendwie lieb' ich Dich sehr!
Plötzlich denk' ich: Moment mal
und da wurd mir erst wieder klar
daß Du ein Junge warst!

Und jetzt war erst mal wieder alles ganz anders
ich war sehr irritiert
weil sowas mir als altem Mädchen-Aufreißer
äußerst selten passiert
ich stand da wie ein Spießer
der sich Sorgen um seine Keuschheit macht
und Du sagtest:
Es geht doch hier nicht um 'ne schnelle
sexuelle Nacht
wir wurden Freunde – immer mehr
und Du erzähltest, daß es manchmal so schwer wär'
daß sich viele Schwule immer noch verstecken
auf dem Männer-Pissoir
und der Pöbel sagt: Weg damit!
Wie das damals schon bei den Nazis war

Wir mochten uns sehr – immer mehr
und ich sagte: Ey, irgendwie lieb' ich Dich sehr
plötzlich denk' ich: Moment mal
und da wurd mir erst wieder klar
daß Du ein Junge warst! ... Na und?!

Bett-män

Gestatten, Dr. Lindbergh, ich präsentier' Ihnen
den Prototyp eines Vogelmenschen
die fliegen ohne Flugmaschinen
es hat sich gelohnt, nach 20 Jahren
jeden Abend nach der Praxis, ganz spät
stieg ich 'runter in mein Keller-Labor
und hier das Resultat meiner Genialität!

Ich sah es nicht mehr ein, daß nur im Kino
und in Comic-Magazinen
die Supermänner locker losflattern
ganz ohne Propeller und Turbinen
betrachtet man die Sache praktisch
ist so ein Typ, wie ich glaube
in vielerlei Hinsicht einzusetzen
zum Beispiel auch als Brieftaube

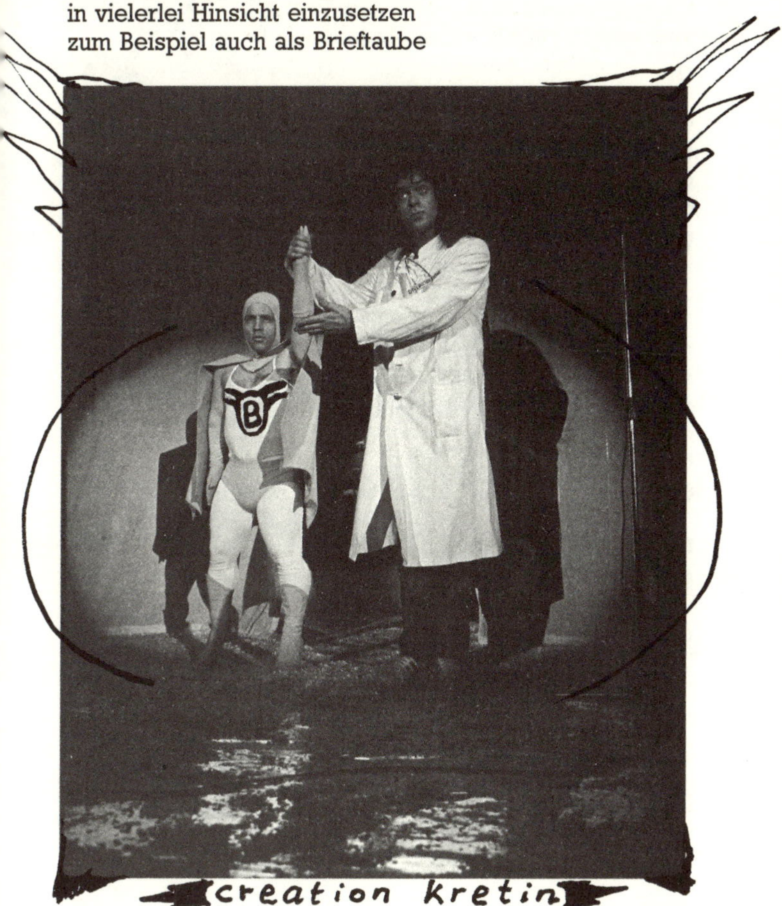

Und so baute ich den Bett-män
ich montierte ihm die Flügel dran
dann war er fertig, mein Fliegemann
doch als er dann in den Lüften hing
sagte dieses dumme Ding:
Ich will nicht fliegen!
Ich will lieber in der Pofe liegen
und wenn's geht, mit 'ner tollen Astronautin ...

Gestatten, Dr. Lindbergh, ich präsentier' Ihnen
den Prototyp eines Vogelmenschen
die fliegen ohne Flugmaschinen
na ja, ich wußte doch vorher auch nicht
daß der das alles mißversteht
und anstatt als Wolken-Tarzan 'rumzudüsen
lieber mit 'ner Mieze ins Bettchen geht

Ich montierte ihm die Flügel dran
dann war er fertig, mein Fliegemann
doch als er dann in den Lüften hing
sagte dieses dumme Ding:
ich will nicht fliegen!
ich will viel lieber im Bett liegen
und wenn's geht, mit 'ner tollen Astronautin ...

Ich montierte die Flügel dran
dann war er fertig, mein Fliegemann
doch als dann dieses dumme Ding
ratlos in der Zirkus-Kuppel hing:
Ich will nicht fliegen!
Ich will viel lieber in der Pofe liegen
und wenn's geht, mit 'ner Stewardess
oder was sie da so haben
ich will nicht fliegen!
Ich seh' das garnich' ein
ihr habt ja wohl 'ne Macke ...

Angelika

Baby, willst Du meine goldenen Schallplatten putzen
und willst Du ihn 'mal fahr'n, meinen Chevrolet?
Baby, willst Du mein Autotelefon benutzen
und Deiner Mutti sagen: Es ist alles okay
oder findest Du solche Sprüche auch ziemlich idiotisch
und wenig erotisch?

Mick Jagger, Alfred Dregger, Rod Steward, James Hunt
nur große Namen sind interessant für:

Angelika aus Winsen an der Luhe
die läßt nämlich keinen Star in Ruhe!
Und Bodo, der Roadie, sagt:
Ey, wenn Du nur eine Nacht bei mir wohnst
dann mach' ich Dich bekannt
mit all den Beatles, den Bee Gees und den Stones!

Bei jedem Konzert sieht man dieses wilde Kind
und dann zeigt sie den Stars
wo die erogenen Zonen sind
und dann nach der Schau
besteigt diese Frau den Band-Bus
mit losem Reizverschluß
dann geht alles sehr schnell im Hotel
sie schiebt sich unter ihren Traum
der besoffen ist und stumm
und küßt den Sternenstaub
von seiner schwitzigen Haut
und denkt, sie umarmt das Universum

Angeilika aus Winsen an der Luhe
die läßt nämlich keinen Star in Ruhe!
Den unbekannten Jungen, der neben ihr steht
den übersieht sie voller Hohn
sie macht es nicht unter einem Beatle
einem Bee Gee oder Stone!

Bis ans Ende der Welt

Wenn Du mich so ansiehst
fällt mir nichts mehr ein
wenn Du willst, dann nimm mich
es kann für immer sein
ich geb' Dir alles, was ich bin
das ist mein Versprechen
jeder Tag ohne Dich ein Verbrechen!

Ich liebe hohe Spannung
und stehe meistens unter Strom
und die Hochzeit feiern wir
in Panik-Manier im Petersdom
und meinetwegen 13 Kinder
alle total verrückt
oh, Babe, Babe, nimm mich in Deine Arme
oh, Kleine, ich bin absolut verzückt!

Nur zu Dir fallen mir solche schönen Träume ein!
Ich will jede Sekunde nur noch mit Dir zusammen sein
bis ans Ende der Welt, wenn es das gibt
halt mich fest, mir wird schwindlig
ich bin so sehr verliebt!

Der amerikanische Traum (1979)

Hello, here speaks Franz Josef Mayr from New York
we want to have a big party
and we want the Udo here, the German music

Neulich rief ein Mr. Mayr aus New York an
ob er den Udo mal engagieren kann
denn die hätten da, wie jedes Jahr
einen Heimatball à la Bavaria
außerdem gäb's 1.000 Dollar
ich sag: Okay, ich bin ihr Mann!
Und so flogen wir nach Manhattan. Deutsche Kolonie
so geweint haben die noch nie
denn sie brach zusammen, ihre heile Welt
sie drehten voll durch in ihrem Bayernzelt
denn da hatten sie doch leider den falschen Udo bestellt:
Sie wollten Udo Jürgens

Nein, sie wollten keine Panik und sie wollten keinen Punk
und sie fraßen Leberknödel den ganzen Tag lang
und dann wollten sie schon schmeißen mit 'ner Maß Bier
ich sag: Avanti, Galloppi
nix wie weg hier
es gibt auch andere Möglichkeiten in USA
unbegrenzte sogar!!

Und dann rockten und rollten wir los
in „MAX's Kansas City"
im „Bottom-Line" und im „CBGB's"
und die Amis flippten aus
und sie sagten: Sehr extrem
so was Rausgeröntges haben wir ja noch nie gesehen
und dann im Madison Square Garden
hatten sie nicht genug Eintrittskarten

Und wir brachten unsere Panik und
wir peitschten unseren Punk
und wir heizten von Küste zu Küste, monatelang
ja, wir waren in Chicago und in Miami
Los Angeles und Boston und Washington DC
doch trotzdem haben wir nicht viel gesehen
auf der Tour, immer nur
Highways, Airports, Football-Stadien
1.000 Motels und Cheeseburger-Imbiß

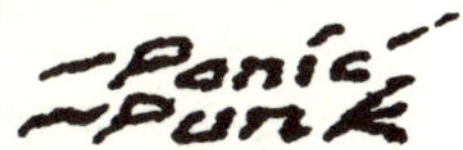

Wir brachten unsere Panik
und wir peitschten unseren Punk
doch die Show-Business-Maschine, sie machte mich krank
und eines schönen Morgens
als der Manager noch schlief
da machte ich mich auf die Socken
wie ein Detektiv
denn ich wollte einfach wissen:
Was ist denn genau los mit Amerika
was ist denn hier Hollywood
und was ist wirklich wahr?

Und so fuhr ich mit 'nem Chevy
durch die Staaten kreuz und quer
auf der Suche nach dem Amerikanischen Traum
oder gibt's den gar nicht mehr?

Von New Orleans nach Alaska
übern ganzen Kontinent
spielte Black Jack in Las Vegas
fuhr Karussell im Disney Land
Hoch in die Rocky Mountains . . .

New York - City

New York, Du bist Wahnsinn
manchmal lieb' ich Dich
manchmal hass' ich Dich
Irrenhaus, Lustmaschine, Brandruine
Du reckst deinen Schizokopf in die Wolken rein
doch unterm weißen Smoking
bist Du dreckig wie ein Schwein

Ist 'n geiles Gefühl, wenn ich Deine rote Sonne
überm Hudson seh'
Leben aus dem Vollen
wenn ich am Broadway steh'
Du bist Sehnsucht und Utopia
Paradies und Untergang
schön wie 'n Brillant von Tiffany
und unheilbar krank

und ich kauf mir 'n Paar Flügel
und flieg die Skyline entlang

New York, ich streun' so gerne
durch Deine tiefen Straßenschluchten
ich seh' Superstars, die löffeln Kaviar
und saufen Champagner im „Waldorf Astoria"
doch ein paar Blocks um die Ecke
und schon siehst Du die Endstation
ein Negerkind verhungert in Harlem . . .

Es reicht gerade noch zum Überleben

Ein Junge wird geboren im Ghetto
ihr zehntes Kind und die Mutter weint sehr
der Vater macht nur 100 Dollar netto
wie's weitergeht manchmal weiß er's nicht mehr
es reicht gerade noch so eben zum Überleben

So wächst er auf, gehetzt, gejagt, getreten
und als er 10 ist, kennt er sich aus
weiß, wie man Autos knackt und Automaten
da holt er sich das nötigste raus
ja es reicht immer nur so eben zum Überleben

Sie bolzen rum mit Konservendosen
sie hoffen alle, daß eins passiert
daß sie mal große Fußballstars werden
und daß der Ruhm sie aus dem Elend herauskatapultiert
oder Boxerking wie Ali
oder Sänger wie Stevie Wonder

Solche Träume halten nicht lange
vorm Arbeitsamt 'ne riesige Schlange
sie laden die Knarre im feuchten Keller
und nachts geh'n sie klauen
doch der Bulle schießt schneller
Jetzt reicht es nicht mal mehr zum Überleben

Born to be wild

Hallo Mädchen, hör mal zu
morgen früh so gegen vier
komm' ich, um Dich abzuholen
warte an der Hintertür
schreib' noch einen Abschiedsbrief
kleb' ihn an den Küchenschrank:
liebe Eltern, 1000 Dank
doch Eure Welt, die macht mich krank.

Wir fahren durch die leeren Straßen
weit raus auf die Autobahn
wo die zu Ende ist, fängt unser Horizont an!

Und dann werden sie uns suchen
doch sie finden uns nie
und die Spießer fluchen:
Das ist Anarchie!

Born to be wild
Born to be wild, yeah

Sieh' Dir doch die Typen an
Baby, ich hab's kapiert
Moskau, Bonn und Pentagon
sie labern rum und nix passiert
soll'n sie doch ihre Paläste schließen
und alle Waffen ins Weltall schießen
doch sie klopfen nur falsche Sprüche
und machen den Planeten kaputt

Doch wir, wir sind ganz schön viele
und wir werden immer mehr
und für unseren Sieg
brauchen wir keinen Krieg, no!

Born to be wild
Born to be wild, yeah

Wir heizen durch die leeren Straßen
weit raus auf die Autobahn
und wo die zu Ende ist, fängt unser Horizont an!

Born to be wild
Born to be wild, yeah
Born born born to be wild
Born born born to be wild

Und die Spießer werden fluchen
weil Du für sie bist:

Affe, Sympathisant und Kommunist
und die Spießer werden fluchen
weil Du für sie bist:
Anarchist, Asozialer, Radikaler und Kriminaler

Born to be wild
Born to be wild, yeah

wild!

Desperado

Desperado, Du reitest nun schon seit Jahren
allein und verloren durch die Prärie
so hart und rastlos bist Du auf der Suche
doch hier in der Einsamkeit findest Du Dich nie

Du treibst Dein Pferd die Hügel hoch
in den Canyons hängt Dein Echo
was Du suchst, das weißt nur Du allein
das nächste Tal kann noch grüner sein
und dahinter glänzt Gold im Sonnenschein
vielleicht ist das endlich Dein „El Dorado“

Desperado, Du belügst Dich und Du wirst nicht jünger
Schmerzen und Hunger brechen Dich bald
und Freiheit, Freiheit
so nennen's die anderen
doch für Dich wird's zum Gefängnis
darin wirst Du schwach und alt

Ist es nicht zu kalt in der Winterzeit
die Luft voll Schnee und die Sonne so weit?
Du weißt nicht, ob es Tag ist oder Nacht
in dunklen Höhlen sitzt Du dann
und lehnst Dich an Deine Träume an
es gab mal Zeiten, da hast Du auch gelacht

Desperado, merkst Du nicht
daß es hier draußen keine Spur Hoffnung
mehr für Dich gibt?
Du reitest nun schon seit Jahren
an Deinem Abgrund entlang
gib Deinem Pferd die Sporen
denn noch bist Du nicht verloren
zu Hause wartet schon lange jemand
der Dich sehr liebt

Ich steh' ja so auf Disco

Ich steh' ja so auf Disco
von Freudenstadt bis San Francisco, ja!

Miezen: Er steht ja so auf Disco
von Freudenstadt bis San Francisco!

Samstag mittag, kleine Probe vor dem Spiegel
nehm ich die locker-lose Bundfaltenhose
oder die aus Satin, ganz eng?
Und dann drapier' ich mir die schnelle Dauerwelle
die von Dr. Bügel
und dann fehlt mir nur noch der Ibiza-Glitzer-Teint
oh, das find ich sooo gut
ich steh' ja so auf Disco
vom Ramelsloh bis San Francisco, yeah!

So wie ich ausseh' gibt's natürlich keine Probleme
der Controlleur sagt: Sir, bitte treten Sie ein
ich geh' lässig an die Bar
wo ich einen Drink zu mir nehme
'ne Schale Sekto de la Schmekto
es muß vom Feinsten sein

Und dann steh' ich da
und das Laserlicht beamt in mein Edelgesicht
ich mag mich selber gern seh'n
stundenlang vor der Chromwand steh'n
und dann tanz' ich soweit die Plateaus mich tragen
ich bin 'ne ganz heiße Nummer
da gibt es absolut keine Fragen, no!

Miezen: Er steht ja so auf Disco
von Ramelsloh bis San Francisco!

Und plötzlich seh' ich diese gestrapste Katze
lecker schwarz gelackt
und darunter splitterzwitterfasernackt
ich sag: Ich hätte Dich heute so gerne auf meiner Matratze
Sie sagt: Kennst Du noch den alten Song im 4/4-Takt
Onanie Onana
Life goes on, yeah

Und nachts um vier im Morgengrauen
geh ich nach Haus
und wieder nix mit Frauen
aber trotzdem war's mal wieder ganz schön
doch nächsten Samstag klappt's bestimmt
dann reiß ich mir so'n Glitzerkind
ich krieg ja jetzt schon 'nen Hammer
und dann heb' ich wieder ab auf Fräulein Donna Summer

Ich bin ein Fan von Boney M. und von Armanda:
Vielleicht ha'm Sie auch mal 'nen Mann da!
Armanda Lear, ich bin so wild wie ein Tier
Oh yeah, ich steh ja so auf Disco
das halt ich überhaupt nicht aus
wie toll das alles ist

FUCK DISCO

Unglaublich ... Das fetzt, das ätzt ...

Baltimore

Überall im Zentrum der reichen alten Stadt
drängen sich die Möwen, halberfroren und matt
denn auf dem Meer sind Stürme
und das bringt große Not
in der City gibt's kein Futter
hier finden sie den Tod

Eine Nutte wartet auf das letzte Rendezvous
und ein Penner deckt sich mit Plastiktüten zu
die Leute, die Du ansiehst, gucken weg und dreh'n sich um
jeder spürt, die City stirbt
und keiner weiß genau, warum ...

Oh, Baltimore, dein Ende ist in Sicht
Oh, Baltimore, ein paar Jahre noch
länger geb' ich dir nicht

Meine Schwester Sandy und mein kleiner Bruder Gregg
ich kauf' ein altes Auto, das bringt uns ganz weit weg
in die höchsten Berge und in das weite Land
da bleiben wir für immer
komm, nimm meine Hand, nimm meine Hand

Oh, Baltimore, dein Ende ist in Sicht
Oh, Baltimore, ein paar Jahre noch
mehr geb' ich dir nicht

Oh, Baltimore, du wirst untergeh'n wie ein großes Schiff
Oh, Baltimore, du gehst unter
doch mich ziehst du nicht mit runter

Baltimore, in deinem Schutt erstick' ich nicht ...

Die kleine Stadt – My little town – (Groan)

Die kleine Stadt, die liegt so weit zurück
sie war der Mittelpunkt der Welt
unsere enge Straße war breit
wie der Hollywood-Boulevard
und in der Kirche wohnte der liebe Gott
da war er noch nicht tot
da hat er sich noch um alles gekümmert …

Und Mutter hing die Wäsche auf
im schmutzigen Wind hinter der Fabrik
und es gab auch ein Kino
und ich war sehr interessiert
was hinter der Leinwand passiert
ob es das alles wirklich gibt
und ich war in Brigitte Bardot verliebt
und stand stundenlang vor dem Schaukasten und träumte..

Eine Sache war für mich schon damals völlig klar
wenn ich später groß bin, fahr' ich nach Amerika
bestimmt warten die da schon
auf meines Vaters attraktiven Sohn
und dann werd' ich was Berühmtes
und zu Hause hör'n sie alle davon!

In der kleinen Stadt, wenn ich da heute mal hinkomm'
dann stell' ich fest
das gleiche miefige Nest
immer noch so kleinkariert
ist wirklich nicht viel passiert
und du siehst 'n paar andere kleine Jungs
an der Ecke steh'n
und die bleiben auch nicht lange
so wie die ausseh'n!

Eine Sache ist für die jetzt schon völlig klar:
Wenn ich groß bin, fahr' ich nach Amerika
bestimmt warten die da schon
auf meines Vaters attraktiven Sohn
und dann werd' ich was Berühmtes
und zu Hause hör'n sie alle davon!

Kentucky-Mädchen

Ja, ich wollte runter nach New Orleans
und der Tank war leer
in dem Kaff gab's leider kein Benzin
und die Luft war schwül und schwer

Und so ging ich in den Dorfsaloon
und da sah ich dieses Zauberhuhn
und sie sagte: Maybe ... Babe!
und es gäb noch was zu tun

„Oh bitte, führe mich nicht in Versuchung"
flehte sie mich an:
„Erlöse mich von dem Bösen"
ich sag: Das ist genau das, was ich nicht kann

Kentucky-Mädchen, Du hast im Tabakfeld gewohnt
Du rolltest Dir ein paar Blätter
und dann warst Du stoned
wie Mr. Armstrong auf dem Mond ...
oh, oh, all Systems go!

Danach schliefen wir ein in der feuchten Nacht
und morgens wollt' ich los auf die Schnelle
doch sie hielt mich fest mit ihren Tabakpflückfingern
an meiner empfindlichsten Stelle

Und dann blieb ich da
und die Oma sagte: Gut, daß Du kein Nigger bist
denn sonst lyncht Dich sofort der Klu-Klux-Klan
und man meldet Dich als vermißt

Mensch, ich sag' Dir, unten im Süden
sind die Bräuche ganz schön streng
der Mississippi ist breit und das Gras ist blau
und viele Köpfe sind alt und eng

Kentucky-Mädchen, Du hast im Tabakfeld gewohnt
Du rolltest Dir ein paar Blätter
und dann warst Du stoned
wie Mr. Armstrong auf dem Mond
oh, Mädchen, wer holt Dich denn da mal raus?
Der Greyhound kommt nur einmal die Woche
und fährt sofort weiter
denn nie steigt einer aus . . ., oh no

Kentucky-Mädchen, Du hast im Tabakfeld gewohnt
Du rolltest Dir ein paar Blätter
und dann warst Du stoned
wie Mr. Armstrong, auf dem Mond
Oh, Mädchen, ich denke oft an Dich
irgendwann komm' ich wieder
denn Du bist die größte
Zaubermaus für mich, oh yeah

Goodbye, Norma Jean *

Goodbye, Norma Jean
ich habe Dich nie gekannt
als Du gegangen bist
da war ich noch ein Kind
und jetzt frag' ich den Pförtner vom Filmatelier
ob er mir sagen kann
wo ich Deine Spuren find'

Oh, Norma Jean, Du hast gelebt
wie eine Kerze im rauhen Wind
Deine zarte Haut verbrannte im heißen Studiolicht
Du warst zu schwach für den Sturm
der auf den Hollywood-Bergen weht
ich hätte Dich gerettet
doch ich kam viel zu spät!

Die Reklamelettern hoch oben über der Filmstadt
haben schon viele erschlagen
die stärker war'n als Du
ach, Du hättest aus Stahl sein sollen
doch Du warst nur aus Fleisch und Blut
selbst im Tod ließen sie Dir keine Ruh'

Und weiter wurdest Du gejagt
von den geilen Pressehunden
und die Schlagzeile war:
Man hat Dich nackt gefunden
ja, Du warst zu schwach für den Sturm
der auf den Hollywood-Bergen weht
ich hätte Dich gerettet
doch ich kam leider viel zu spät!

Goodbye, Norma Jean
ich habe Dich oft geseh'n
vielleicht erinnerst Du Dich
ich saß in Reihe zehn
der Junge mit den Pickeln
für den Du immer noch viel mehr bist
als irgendein Sex-Objekt
das man einmal benutzt und vergißt

Oh, Norma Jean, Du hast gelebt
wie eine Kerze im rauhen Wind
Deine zarte Haut verbrannte im heißen Studiolicht
Du warst zu schwach für den Orkan
der auf den Hollywood-Bergen weht
ich hätte Dich gerettet
doch ich kam viel zu spät!

So gern' hätt' ich Dich gerettet
doch ich kam viel zu spät ...

(Bye bye Marilyn Monroe)

Die Heizer kommen

Wir sind Rock 'n' Roll-Zigeuner
ein Zuhause haben wir nicht
wir sind so Easy Rider und Rumstreuner
steh'n auf Heavy Rock – Schwergewicht
jeden Tag 'ne andre Stadt
der Bandbus setzt sich in Bewegung
ob die Kripo da wohl wieder einen Haftbefehl hat
wegen Erregung öffentlicher Erregung?

Wenn die Heizer kommen und total aufdreh'n
als ob sie nicht von dieser Welt wären
und es den Müttern mal wieder nicht gelungen ist
ihre Süßen einzusperren

wenn die Heizer kommen und rocken & rollen
bis zur vollen Hysterie
dann laden wir Euch neue Power in die Batterie

Baby, heute sind wir wieder in eurer City
als wir uns hier zum ersten mal trafen
sagt' ich: Nein, nein und nochmals –
ja, man kann ja mal drüber schlafen
heute bringst du einen Freund mit
ich find' den Spitze und das merkste
Du find'st das komisch, na und?
Bi ist sowieso das Stärkste

Wenn die Heizer kommen und total aufdreh'n
als ob sie nicht von dieser Welt wären
und es den Müttern mal wieder nicht gelungen ist
ihre Süßen einzusperren
wenn die Heizer kommen und rocken & rollen
bis zur vollen Hysterie
dann laden wir Euch neue Power in die Batterie

In welcher Stadt sind wir heute?
Weiß nicht, ist auch völlig egal!
Hauptsache, es gibt hier 'ne Bühne
und 'nen knallvollen Randalesaal
wir sind Rock 'n' Roll-Zigeuner
wenn Du 'n Gypsy ohne Heimat bist
bist Du immer da zuhause
da, wo grad der Larry los ist

Wenn die Heizer kommen und total aufdreh'n
als ob sie nicht von dieser Welt wären
und es den Müttern mal wieder nicht gelungen ist
ihre Süßen einzusperren
wenn die Heizer kommen und rocken & rollen
bis zur vollen Hysterie
dann pumpen wir Euch neue Power in die Batterien

Katze

Mädchen, Du bist eine Katze
das find ich so gut an Dir
schmusige, süße Mieze
und auch wild wie ein Raubtier
doch manchmal gibt es Situationen
da muß Du härter sein
wenn Dein Alter Dir seine Sprüche geigt
und immer sagt, Du wärst noch viel zu klein
sag ihm 'nen schönen Gruß und so
er kann sich besser auskotzen auf'm Klo

Mädchen, ist das nicht tierisch
alle Menschen sind wie Katzen
viele sind alberne Plüschfiguren
auf den Leisetretertatzen
doch wir sind anders, und wir passen nicht
in die Spielzeugabteilung und nicht in den Zoo
wir sind die Freunde des Dschungels
und unser Song geht so:

Wir sind die Tiger, und eins ist klar
Käfige sind zum Ausbrechen da
das ist mein Leben, und ich mach was ich will
das ist mein Kopf, und ich denk was ich will
ich bin ein Tiger, zähmen könnt ihr mich nicht
jeder, der das versucht
kriegt die Pranke voll ins Gesicht

Auf heißer Spur

Der Detektiv, der niemals schlief
rund um die Uhr, auf heißer Spur
sein Leben war Risiko und Gefahr
doch er mußte immer wissen
was Sache war
er war berühmt, berüchtigt
bei den Gangstern in jedem Land
sein Name war Carl Coolman
seine Waffe, sein scharfer Verstand
er streifte durch den Dschungel
er kannte kein Pardon
Chicago, Bonn und Washington
das Verbrechen hat immer Saison

Raketen-Rocker

Larry wuchs auf in einer Welt
die kalt war, kalt wie Eis
sich bedröhnen oder erfrieren
es ist schwer, wenn man jung ist und wild und heiß
abgetörnte Durchhängerei
zwischen Plastik-Fabriken und Horror-Beton
wo Computer regieren, alles durchprogrammieren
vom ersten Schrei bis zum letzten Gong

Doch dann kamen Astronauten
mit 'nem neuen Fliegeplan
das geht ab wie 'ne Rakete
komm, wir schalten die Triebwerke an
und der Countdown läuft 3 – 2 – 1 Feuer!

1984 – brauchst nicht mehr lange zu warten
dann sind wir alle nur noch Löcher
in ihren lächerlichen Lochkarten
dann sind wir alle numerierte Affen
mit denen können sie alles machen
doch das werden wir jetzt verhindern:
Sie kriegen die Kante, bis sie lachen

Wir sind alle Astronauten
wir heben ab, wir sind jetzt dran
das geht ab wie 'ne Rakete
komm, wir schalten die Triebwerke an
und der Countdown läuft . . .

Wir sind alle Astronauten
wie damals auf Cap Kennedy
Raketen-Rocker, volle Power
wir haben keine Zeit mehr für Utopie
wir heben ab in eine Zukunft, wie wir sie wollen
Okay, ihr Big Brothers und Controllettis . . .

Jamaika

Er war ein Seemann
und schon seit vielen Jahren
auf allen sieben Meeren 'rumgefahren
jetzt auf der Heimfahrt
erschien ihm die Zeit
wieder länger als 'ne Ewigkeit
seine Sehnsucht war gigantisch
und die See war rauh
zuhause wird ein Mädchen
allmählich zur Frau
er fragt sich, wieviel Jahre
das jetzt wohl schon sind
damals war sie noch ein Kind

Zuhause in der kleinen norwegischen Stadt
wo sie ihn irgendwie total verzaubert hat
wo er ihr Stories erzählt hat von Japan und Alaska
wo sie ihn fragte, was auf Jamaika los ist
wo er ihr versprechen mußte
daß er sie mitnimmt, wenn sie groß ist
er verstand nicht, wie das kam
plötzlich merkt er, er liebt sie sehr
und auch später wieder auf See
verließ ihn das Gefühl nicht mehr

Es war immer wieder das gleiche
er war jedes Jahr einmal da
als sie 13, 14, 15 war
sie wurde größer, und seine Liebe wuchs immer mehr
und jede Fahrt fiel ihm schwerer

Aber, Mädchen, heut' komm ich endlich wieder
zu Dir zurück
ich hab' Dich so vermißt, ich wurde fast verrückt
ich lös' jetzt mein Versprechen ein
und nehm' Dich mit auf den großen Trip für immer
wir fahren nach Jamaika, nach Kingston-Town
wir werden uns da ein scharfes Leben aufbau'n
ich lern' ein Instrument
und spiele in 'ner Reggae-Band
ich werde Sänger in einer Reggae-Band

ich werd' 'n Star
und Du mein Plattenproduzent
wir finden schon irgend 'nen Job
nur zur See fahr'n will ich nicht mehr
ich will nie mehr alleine an der Reling steh'n
ich will jetzt keinen Schritt mehr ohne Dich geh'n
und wenn es uns da nicht mehr gefällt
als Seemann kenn' ich die Welt
die Welt ist groß, ist schwer was los

Heut' komm ich endlich wieder zu Dir zurück
ich hab' Dich so vermißt, ich wurde fast verrückt
ich lös' jetzt mein Versprechen ein
und nehm' Dich mit auf den großen Trip für immer
wir fahren nach Jamaika, nach Kingston-Town
wir werden uns da ein scharfes Leben aufbau'n
Du lernst ein Instrument
und spielst in einer Reggae-Band
da haben doch Mädchen nicht weniger Talent!

Du spielst Gitarre in einer Reggae-Band
Du wirst ein Star
und ich Dein Plattenproduzent

Leinwand

Du warst nur eine Leinwand
traurig, daß ich das sagen muß
nun ist der Film zu Ende
mitten in der Story ist plötzlich Schluß
ich bedaure sehr, der Projektor geht nicht mehr
Du warst nur eine Leinwand
für meine großen Phantasien
nun ist der Film gerissen
und ich werde weiterziehen
wieder allein mit meinen radikalen Träumen

Wir haben uns leider nur selten gesehen
richtig kennengelernt hab' ich Dich nie
ich hab' mir da was zusammengesponnen
in Panik-Color und Gigantophonie

Wenn's auch schwerfällt
ich seh's jetzt ein
obwohl Du der Typ bist, der mich umhaut wie noch nie
mein Superstar kannst Du leider nur sein
in meinem Wunschkino unter meiner Phantastenregie
ich bedaure sehr,
dieses Hollywood funktioniert nicht mehr

Wir haben uns leider nur selten gesehn
richtig kennengelernt hab' ich Dich nie
ich hab' mir da was zusammengesponnen
in Panik-Color und Gigantophonie
sowas passiert
ich hab diesen ganzen Wahnsinn
auf Dich draufprojiziert

Du bist keine Leinwand
ich muß mich korrigieren
bitte verzeih'

es gibt nur Sterne im Weltall
aus irgend 'nem blöden Grund
rasen die aneinander vorbei

Du warst wie ein Erdbeben

Sie spielte Baß in 'ner Mädchenband
sie kam aus Manchester
ich traf sie in Tokio
ich war da mit dem Japanik-Orchester
sie war wie das stärkste Erdbeben
das man nicht registrieren kann
ich versank in ihrer Lava
sie schoß über wie ein Vulkan

Deine Küsse waren wie Feuer
kosmische Energie
Du warst wie 'n Erdbeben
sowas trifft man nur einmal im Leben
yeah, yeah

Sie sagt: Weißt Du, wo ich herkomm, weißte wo?.
Aus'm Kofferraum von 'nem alten Auto
ich war 14, da sah ich im TV
die gold'ne Prunkprotzkutsche bei Queen's Jubilee
wir hingen voll im Dreck und die alten Rockidole
waren abgewixt und nur noch für die Kohle
wir hatten zwar nur drei Gitarrengriffe drauf
doch wir schrien unsere Wut raus und standen auf

Deine Küsse waren wie Feuer
kosmische Energie
Du warst wie 'n Erdbeben
so was trifft man nur einmal im Leben
hm, yeah –

Sie hatte rot-grüne Haare, 'n gigantisch breiten Mund
pöbelt' jeden Spießer in den Grund
sie sagt': viele Gesetze sind dazu da
daß man sich nicht an sie hält
mit Paragraphen verschnüren sie doch nur
die auseinanderbrechende alte Welt
hinter all den Glitzerfassaden
wütet der Krebs und häuft sich der Schrott
wir haben keine Lust, auf die Erklärung zu warten
für uns ist das System jetzt schon bankrott

Deine Küsse waren wie Feuer
und sie schmeckten nach Rock 'n' Roll und Rebellion

Baby, wenn ich down bin

Coolman:
Baby, wenn ich down bin
und ich fühl' mich schwach
dann machst Du mich mit Deiner Power
wieder stark und wach
wenn ich mal ins Schleudern komme
bist Du da und hältst mich fest
Du bist die eine, die mich niemals
die mich niemals hängen läßt

Oder wenn ich durchdreh'
die letzten Scheine auf 'n Tresen hau'
drei Tage nicht nach Hause komm'
und hab' was mit 'ner andren Frau
dann bist Du wie 'ne Schwester
die auch solche Flips versteht
die dafür sorgt,
daß es mit uns beiden trotzdem weitergeht

Mädchen:
Yes, we've seen the good times
And the bad times too
There where cold and windy roads to go
But each time the sun keeps shining thru
I stood by you thru thick and thin
And I'm standing by you still
Cause I love you
Yes, I love you – I always will

Coolman:
Baby, wenn ich down bin
und ich fühl' mich schwach
dann machst Du den müden Coolman
wieder heiß und wach
laß alle Gangster dieser Welt
gegen uns agieren
solange wir zusammen sind
kann überhaupt nichts passieren

Detektiv Coolman

Der Detektiv, der niemals schlief
rund um die Uhr, auf heißer Spur
sein Leben war Risiko und Gefahr
doch er mußte immer wissen
was Sache war

Es fing an mit Vietnam
Watergate, Harrisburg, Gangster-Politik
Weiße Kragen – schmutzige Geschäfte
in jedem Land, in jeder Republik

Er hatte sein ganz eigenes Bild
von Recht und von Gesetz
die Kleinen, sagt er, fängt man
die Großen geh'n durchs Netz

Er kämpfte für 'ne ehrliche Welt
von der er, wie jeder, geträumt hat als Kind
nun entlarvte er die Verbrecher
die am Drücker sind

Doch es sind nicht nur die da oben
allein hätten sie nicht die Macht
es gibt zu viele hier unten
die pennen und nicht nur bei Nacht

Bei denen schläft das Gewissen
trotz Horror-Krimi überall
und deshalb kommt der Detektiv nie zur Ruhe
allein mit seinem größten ungelösten Fall

Der Detektiv, der niemals schlief
rund um die Uhr auf heißer Spur
he, Detektiv, Du bist nicht allein
bei diesem Auftrag steigen wir ein

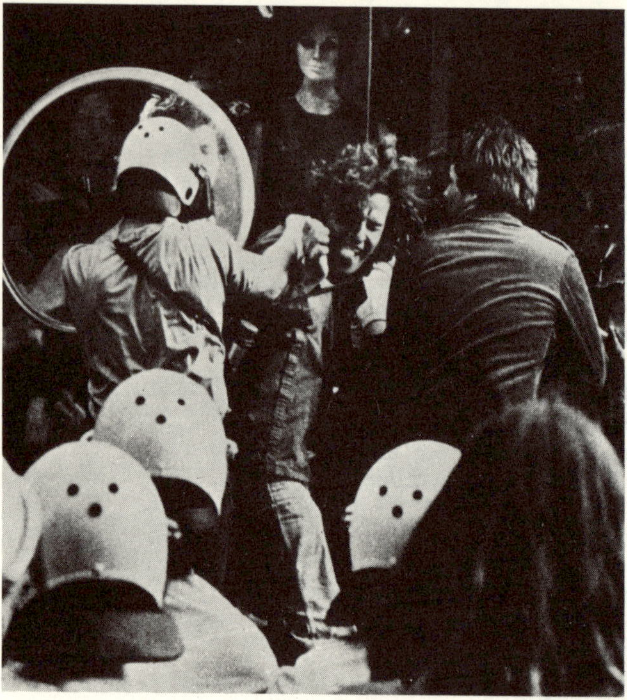

(81)

Straßen-Fieber

So laut wie 's geht, hör'n sie Punk und AC/DC
sie fühl'n sich geladen, doch wohin mit der Energie?
Wenn man dann draußen wieder mit voller Gewalt
gegen kalte Mauern knallt, kommt das Fieber – Fieber
Gräber aus Stahl und Beton, in denen wir wohnen
man kann nicht leben in solchen Kältezonen
ein bißchen Wärme holen sie sich aus Fusel und Chemie
doch das hält nicht lange – und wieder spüren sie:

Fieber, in den Straßen steigt das Fieber
Fieber, auf die höchsten Temperaturen
Fieber, und der Virus greift über
Fieber, in den Straßen steigt das
Fieber, bis das Thermometer platzt
Fieber, und der Funke springt über
in den Straßen steigt das Fieber

Die Polit-Popper in Bonn, die kannste vergessen
die haben die Weisheit mit zu kleinen Löffeln gefressen
einen Lügendetektor gibt's im Bundestag nicht
der wär' auch dauernd kaputt
weil man da zu selten die Wahrheit spricht

Fieber, in den Straßen steigt das Fieber
Fieber, auf die höchsten Temperaturen
Fieber, und der Virus greift über
in den Straßen steigt das Fieber

Guck Dir Deine Alten an – meterdicke Mauern
um Herz und Hirn
so ein Klima törnt vielleicht Eskimos an
doch wir haben Angst, daß wir erfrieren
leere Gesichter, die Augen blind
sie lachen nur noch, wenn sie besoffen sind
Eiszeit statt Zärtlichkeit
das schafft Hitze und Gewalt
und die ist kalt, die ist kalt, die ist kalt

Fieber, in den Straßen steigt das Fieber
Fieber, und die Ärzte wissen nicht
Fieber, wie man es unter Kontrolle kriegt
Fieber, diese Krisen-Mediziner
Fieber, und was verordnen sie?
Schwere Knüppeltherapie
gegen leichte Krawallerie
Fieber, in den Straßen steigt das Fieber ...

Mit dem Sakko nach Monakko

Prinzessin Caroline aus dem Fürstentum
hatte ihr süßes Näschen voll
von Edel, Adel, Schmäh und Ruhm
sie steht jetzt mehr auf Underground
und wie's der Zufall dann so wollte
traf sie einen Prolo an der deutschen Grenze
der grad 'nen Zentner Shit verzollte
es war Liebe auf den ersten Blick
und sie wußte, es gibt kein Zurück
der da oder keiner
doch wie sagen wir's bloß Fürstendaddy Rainer?
Der Prolo sagt: Caroline
das ist doch alles gar kein Problem
kauf mir 'n schönes Sakko
und dann fahrn wir nach Monakko
und 'nen handgeschriebenen Lebenslauf
kriegt er außerdem:

Im Sommer 46 kam ich als Kind zur Welt
ich fiel direkt vom Himmel auf ein Doppelkornfeld
das Unglaubliche trug sich zu in der Nähe von Gronau
und als ich so um dreizehn war
stellt' man fest, ich war zu schlau
mein Vater holt' die Cognac-Flasche und sagt':
Mein lieber Sohn
nun baller Dir mal die Birne voll
das korrigieren wir schon
die überschüssigen intellellen Zellen
die mußte Dir runtersaufen
und dann wirst Du was Solides, wie 'n Mafiakönig
denn als Philosoph verdienste zuwenig

Also hoch die Tassen – und dann fand ich schnell heraus
die beste Straße unserer Stadt, die führt aus ihr hinaus . .
ich wankte um die halbe Welt als lockerloser Freier
und falls Ihr Referenzen wünscht
wendet Euch an Consul Geier
wenn ich besoffen bin, hab' ich blaues Blut
und Malochen hat mir nie gelegen
naja, dann mach ich jetzt mal einen auf Junior-Fürst
hätt' ich eigentlich nix dagegen
soviel zu meiner Vergangenheit!" Prinz von Sinnen

Als sie das lasen, rümpften sie die Nasen
und Gracia Patricia sagte zu Rainer:
Alles, aber bitte doch nicht so einer!
Und wenn der ihr dann auch noch 'n Sohn macht
ich sehe schon, wie unser Thron kracht
und darauf fiel sie in Ohnmacht
howauchever, sie war'n dann doch so clever
und haben mich akzeptiert
is' ja auch besser,
als wenn man Carolinchen erneut frustriert
und dann wurde ich geadelt
damit keine Majestät mich tadelt
und auch Beatrice und Tante Sylvia
fanden: Ach, was für ein reizendes Paar
mit meinem neuen Sakko nach Monakko
mit dem Sakko nach Monakko
mit dem Sakko nach Monakko
und mit Caroline auf der Maschine
mit dem Sakko nach Monakko
zu den Monakken und den Monarchen –
und auch denen von den Niederlanden –
ach, wie so toll sie meine Lieder fanden
und ich wär ja auch ganz schön auf zakko
als Erbschleicher von Monakko
und er trägt sein neues Sakko
mit dem Sakko nach Monakko . . .

Gegen die Strömung

Wir waren völlig fertig
und konnten's einfach nicht glauben
und man sah, große Ereignisse werfen ihr Schatten
unter die Augen
dann haben wir unser Blut vermischt,
mit Indianerversprechen
und es war ganz klar, unsere Verschwörung
werden wir nie brechen

Und wir waren die zwei Geflippten
die durch nichts zu bremsen sind
und wir schwammen gegen die Strömung
und rannten gegen den Wind
für sogenannte Normale
waren wir das Duo Infernale
für uns war das alles ganz lockere Action
doch für die waren das gleich Skandale

Ich sagte Dir:
Ich geh' mit Dir durch Dick und Dünn
aber nicht durch Dick und Doof
bitte, schmeiß nicht gleich unsere Liebe weg
wenn ich mal mit 'ner anderen poof
ich hab' Dir auch nie 'ne Freiheit geklaut
und einfach irgendwas bestimmt
wer weiß, ob wir sonst immer noch
das Power-Team wären
das sich jede Freiheit rausnimmt . . .

Und die Leute motzen:
Da kommen die zwei Geflippten
die durch nichts zu bremsen sind
und die schwimmen gegen die Strömung
und rennen gegen den Wind

die Spießer regen sich tierisch auf
und reden von Beklopptomanie
doch wir kichern uns eins und wissen:
Die wahren Bekloppten, das sind die
Gegen die Strömung, gegen den Wind
laß sie doch labern, blöd wie sie sind
gegen die Strömung, gegen den Wind
daß ich nicht lache, wir wär'n die Meister
im Sichdanebenbenehmen
diese schlaffen, gebügelten Affen
guck sie Dir an, sie sollten sich was schämen
gegen die Strömung, gegen den Wind . . .

Affenstern

Herr Veigel, sonst so cool und seriös
war in der Tagesschau heut' leicht nervös
er fummelte ständig an seinem Schlips
da wußte ich, die Sache ist kein Witz
dann später auch auf Radio Luxusburg –
die Crew vom Ufo gab uns folgendes durch:

Glauben Sie nicht den ganzen Quatsch
von wegen Krieg der Sterne
wir sind hier alle unheimlich lieb
ja, wir haben uns richtig gerne
nicht so bekloppt, wie ihr da unten
wo's dauernd auf die Fresse gibt
ihr wohnt zwar nicht mehr auf den Bäumen, doch
die Affen seid ihr immer noch
statt mit Bananen schmeißt ihr jetzt mit Waffen
ihr da unten auf dem Planeten der Affen

Wir sind Piloten der Unendlichkeit
wir gleiten durch das Weltall, allzeit bereit
wir saufen Milkshakes in den Milchalleen
da muß was drin sein, danach könn' wir nicht mehr stehn
dann legen wir uns wieder ins Schiff
und werfen die Turbinen an
und schlingern rum von Stern zu Stern
und jetzt ist eure Erde dran
weil – wir feiern bald einen Ball im All
'ne kosmische Festivität
und da suchen wir noch Pausenclowns,
wie's lächerlicher nicht mehr geht
so daß wir einen Lachflash kriegen –
bis unsere Antennen sich verbiegen ...
und auf der Erde gibt's doch sowas noch:

Der mit dem Schießgewehr? Ein Boß vom Militär
und da der Westernheld? Regiert die halbe Welt
die bunte Tante da? Carola Woytila
und da der Schlager-Fuzzi? Ist auch zu nichts mehr nutzi
oh ja, die nehm' wir alle mit – bitte auch Herrn Schmidt!
Oh ja, ihr Affendamen und -herrn
– wir landen auf dem Affenstern

Grande Finale

In sieben Tagen schuf Gott die Welt
doch sieben Tage sind echt zu knapp
am achten Tag fand er das auch
schmiß sie ins Klo und zog ab
er setzt' sich wieder auf seinen Thron
und läßt uns hier hängen in der Kanalisation
wir müssen's ausbaden, oh Herr
die einen weniger, die anderen mehr
nun sind wir schon seit Abel und Kain
hier in der Grütze rumgekrochen
nun fängt, ja muß das denn wirklich sein?
die ganze Scheiße auch noch an zu kochen
bedrohlich brodelt hier ein See
unheimlich bruzzelt dort ein AKW
die Angst war lange nicht so groß
die Raketen stehn auf: Achtung – fertig - los !

Willkommen zum Grande Finale
die Erde geht unter, erfahrn wir soeben
der Eintritt ist ohne Bezahle
sie zahlen hier bloß mit Ihrem Leben
der Globus ist 'ne große Bühne
und auch Sie werden hier als Statist engagiert
es wird so inszeniert, daß jeder krepiert
und die Puppen tanzen:
Kein Horror in Sodom und Gomorrha
immer lustig und vergnügt
bis der Arsch im Sarge liegt
immer lustig und vergnügt
bis der Arsch im Sarge liegt!

Am Tage, als der Reagan kam
und die Vulkantanzschule übernahm
rechtsherum im Rückwärtsschritt
tanzt man jetzt den Apocalypso, und alle taumeln mit

Willkommen zum Grande Finale
am 30. Mai ist alles vorbei
und die Rüstungsindustriellen
sind in Bombenstimmung auf den Seychellen
in Moskau saufen sie viel Wodka
bis sie behämmert sind und sie wetzen die Sichel
es wird so inszeniert, daß jeder krepiert
und zuerst der Deutsche Michel

kein Horror in Sodom und Gomorrha
immer lustig und vergnügt
bis der Arsch im Sarge liegt
immer lustig und vergnügt
bis der Arsch im Sarge liegt
wie schön der Neutronenbomber fliegt
bis der Arsch im Sarge liegt
wie aromatisch Giftgas riecht
bis der Arsch im Sarge liegt
es gibt 'ne Zeitung, die niemals lügt
bis der Arsch im Sarge liegt
in Bohrleben sich ein Bohrer verbiegt
bis der Arsch im Sarge liegt
ein Ölscheich einen Goldrausch kriegt
bis der Arsch im Sarge liegt

der Krisenstab sich im Bunker verkriecht
bis der Arsch im Sarge liegt
und der Pfaffe, wie immer, seinen Segen gibt
bis der Arsch im Sarge liegt

Ali

Ali ist ein Türkenjunge aus Hamburg
hier geboren, doch wo gehört er eigentlich hin?
Dauernd gibt man ihm so'n Gefühl, als müßte er sagen:
Entschuldigen Sie, daß ich geboren bin
Ali trifft sein Mädchen in dunklen Läden
sie nimmt ihn nie mit zu sich nach Haus
sie sagt: Mein Alter, mit dem kann man leider nicht reden
der hat so Müllsprüche drauf, wie – Kanacken raus!

Und er denkt an das Land seiner Eltern
das er nur von Bildern kennt
und vom Fernseh'n, das Land, das sein Vater
die echte Heimat nennt

Istanbul, das Schwarze Meer
am Bahnhof schaut er den Zügen hinterher
doch wahrscheinlich in Ankara
hätt' er Heimweh nach Hamburg-Altona

So hängt er mit den Gefühlen zwischen den Stühlen
umgeben von Ghetto-Mauern, isoliert wie im Knast
und trotzdem, Ali, ist das hier Dein Zuhause
Heimat ist einfach da, wo Du Freunde hast
egal, wo Du herkommst, wo eins nur wichtig ist
daß Du 'n guter Kumpel bist.

Vergiß jeden, der Dich anmacht, 'ne echte Peinlichkeit
gerade hier im Land
mit der braunen Vergangenheit

Sandmännchen

Die Sandmännchen kamen auf leisen Sohlen
um sich den Sand abzuholen
sie taten das nun schon Jahrtausendelang
allmählich sind die Strände leer und blank

Da ist nicht mehr viel zu streuen da
Dünen, ganz mick'rig und nur noch 'n paar
am besten weicht man aus auf die Sahara
denn der Strand an unserem Meer gibt nicht mehr viel her

Der Deichgraf Hauke Wattenschlick
und ein Kurverwalter namens Mövenbig
schrieben 'nen Protestbrief nach Bremervörde
an die Deutsche Schlafbehörde
sie schlugen vor, daß man sich so arrangiert
für die Kleinen werden noch 'n paar Dünen reserviert
für die Älteren aber, sind sie nachts noch zu munter
heißt es: ausziehen, hinlegen, Reizwäsche runter . . .

Hallo Süße, hör mal her
es gibt ja nun in Deutschland keine Sandmännchen mehr
wir müssen jetzt schmusen, bis die Poofe kracht
ich muß ja irgendwas tun, was Dich müde macht
ich werd' Dich jetzt erschöpfen, aber auf die nette
Du brauchst auch keine Schalaftabalette
komm, nimm mich und dann heben wir ab
und nachher sind wir so richtig schön schlapp

Ja, früher war das so geregelt
da kam so'n Sandsack angesegelt
der streut Dir das Zeug ins Auge rein
und schon tauchst Du ins Meer der Träume ein
doch dann gab's diesen Riesenputz
mit den Leuten vom Küstenschutz –

Man entzog den Sandmännern die Lizenz
ja, was machen wir denn jetzt bloß
wenn Du nicht pennst?

Hallo Süße, hör mal her
es gibt ja nun in Deutschland keine Sandmännchen mehr
laß uns schmusen, bis die Poofe kracht
ich muß ja irgendwas tun, was Dich müde macht
ich werd' Dich jetzt erschöpfen, aber auf die nette
Du brauchst auch keine Schalaftabalette
komm, nimm mich und dann heben wir ab –
und nachher sind wir so richtig schön schlapp

Jonny Gigolo

Er war ein richtig keuscher Junge
und bei ihm zog nie ein Hoch auf
gerade das machte manche Frau so stürmisch
und sie flog drauf
ja, immer wieder wurd' er in Versuchung gebracht
dabei wußte doch wohl jede
dieser Typ ist kein Mann für eine Nacht
Denn 'ne Nacht ist ihm zu lange
und er sagt es frei heraus
das artet ihm zu oft
in wirklich schwerste Arbeit aus
lieber nur 'ne halbe Stunde
'n Quicki ist doch auch ganz schön
da kann er nämlich hinterher
noch andere glücklich machen geh'n

Er war nur ein Jonny
und er flippte um die Welt
er war ein Gigolo, doch niemals nahm er Geld
ob blond, ob schwarz, ob braun, ob Henna
und manchmal stand er auch auf Männer

Früher war ich öfter krampfig
denn da wußte ich noch nicht:
Prickelfit entspannt Dich
und zwar augenblickelich
man fragte mich auch mal, ob ich vom andern Ufer bin
nein, ich bin der Fluß selber und ich fließe stolz dahin
und gelegentlich Probleme mit den klerikalen Cliquen
ob er sich denn nicht was schäme
unaufhörlich rumzumachen
Urbi - Orbi - Amen - Amen -
aus den Ohren schießt der Samen
denn Bumsen oder Onanie ist verboten
und zwar wie!
Halleluja.

Er war nur ein Jonny und er flippte um die Welt
er war ein Gigolo, doch niemals nahm er Geld
ob blond, ob braun, ob schwarz, ob Henna
und bist Du von den Flexibel-Betrieben
dann kannst Du Dich auch mal in Jungs verlieben

Kugel im Colt

Die Gedanken, sie rotieren
wie ein wildgewordenes Karussell
und ich weiß nicht, wie ich's anhalt'
und draußen wird es schon wieder hell
die Gefühle und mein Magen
fahr'n mit mir Achterbahn
und das ist jetzt der letzte Whisky
den ich runterspül'
und jetzt gehe ich zu Dir
weißt Du, wie ich mich fühl?

Wie 'ne Kugel
wie 'ne Kugel in Deinem Colt, ich raste aus
schieß mich voll in Dein Herz rein
oder schieß mich weit aus Deinem Leben raus
ich muß jetzt wissen, was los ist
und nach dem Schuß gibt's keine Fragen mehr
und ich weiß, daß ich zu Dir gehör
oder wenn Du mich nicht willst
ist es besser, daß Du meine Hoffnung killst

Es war noch nie meine Art zu warten
wenn ich was will – laß starten – laß machen
ich war schon immer ein zu schneller Junge
für langsame, laue Sachen
und nun steh' ich vor Dir und die Sonne geht auf
Mensch, bin ich verliebt . . .
ich bin die Munition im Revolverlauf
und wir sprengen jetzt den Kühlschrank, der Dich umgibt

Ich bin die Kugel
die Kugel in Deinem Colt und raste aus
schieß mich voll in Dein Herz rein
oder schieß mich weit aus Deinem Leben raus
ich muß jetzt wissen, was los ist
und nach dem Schuß gibt's keine Fragen mehr
und ich weiß, daß ich zu Dir gehör
oder wenn Du mich nicht willst
ist es besser, daß Du meine Hoffnung killst

Baby, ich bin die Kugel in Deinem Colt
und ich halt's nicht länger aus
schieß mich voll in Dein Herz rein
oder schieß mich weit aus Deinem Leben raus
ich muß jetzt wissen, was los ist
und dann gibt es keine Fragen mehr
und ich weiß, daß ich zu Dir gehör . . .

Pascal Kravetz (10)

Wozu sind Kriege da?

Keiner will sterben, das ist doch klar
wozu sind denn dann Kriege da?
Herr Präsident, Du bist doch einer von diesen Herren
Du mußt das doch wissen
kannst Du mir das 'mal erklären?
Keine Mutter will ihre Kinder verlieren
und keine Frau ihren Mann
also, warum müssen Soldaten losmarschieren?
Um Menschen zu ermorden – mach mir das mal klar
wozu sind Kriege da?

Herr Präsident, ich bin jetzt zehn Jahre alt
und ich fürchte mich in diesem Atomraketenwald
sag mir die Wahrheit, sag mir das jetzt
wofür wird mein Leben aufs Spiel gesetzt?

Und das Leben all der anderen – sag mir mal warum!
Die laden die Gewehre und bring'n sich gegenseitig um
sie steh'n sich gegenüber und könnten Freunde sein
doch bevor sie sich kennenlernen, schießen sie sich tot
ich find' das so bekloppt, warum muß das so sein?

Habt Ihr alle Milliarden Menschen überall auf der Welt
gefragt, ob sie das so wollen
oder geht's da auch um Geld?
Viel Geld für die wenigen Bonzen
die Panzer und Raketen bau'n
und dann Gold und Brillianten kaufen
für ihre eleganten Frau'n
oder geht's da nebenbei auch um so religiösen Mist
daß man sich nicht einig wird
welcher Gott nun der wahre ist?
Oder was gibt's da noch für Gründe
die ich genauso bescheuert find'
naja, vielleicht kann ich's noch nicht verstehen
wozu Kriege nötig sind
ich bin wohl noch zu klein
ich bin ja noch ein Kind

Big Brother's Töchter

Du siehst – oh, siehst Du gut aus
da fällt mir glatt die Kontaktlinse 'raus
Du bist eine von den ganz seltenen
diesen seltenen Delikatessen
und ich merk' daß ich Hunger krieg
und ich möchte Dich am liebsten essen
mir wird heiß, doch Du bleibst so cool dabei
wie Geheimdienst – Gedankenpolizei
bin ich ein Sicherheitsrisiko?
Gefährdungsstufe I – ich versteh' nicht ganz
warum guckst Du so, als wäre ich ein Fahndungsfoto?

Du bist 'ne Tochter vom Großen Bruder – das ist klar
so wie Du mich ansiehst, wie 'ne Überwachungskamera
Ihr seid die ersten
Big Brother's Kinder sind schon da

Und jetzt hast Du mich identifiziert
und als Anarcho kategorisiert
Dein Ermittlungsraster vibriert
observieren und kontrollieren
verfassungsschutzmäßig recherchieren
und die Zentrale informieren

Du bist 'ne Tochter vom Großen Bruder – das ist klar
so wie Du mich ansiehst, wie 'ne Überwachungskamera
Ihr seid die Ersten
Big Brother's Kinder sind schon da

Nicht erst '84
dieser Horror ist jetzt schon wahr
Volles Programm:
Big Brother's Töchter: Gesinnungs-TÜV-geprüft
Big Brother's Töchter: mit Augen wie 'ne Kamera
und wenn wir tanzen
spür ich die Wanzen unterm BH – – – -BKA
Frischgeölte Roboter, dreimal chemisch durchgereinigt

no future?

Du sagst: no future
nur noch 3 Jahre
dann werden wir alle krepieren
Du sagst, die Gifte wären das einzig Wahre
und damit willst Du Dich
allmählich wegjonglieren

Du bist erst 15
auf Deiner Jacke steht: no fun
wär nix' zu ändern
fängst auch erst gar nicht mehr mit irgendwas an
Du sagst, wie Hiroshima
die ganze Welt in Asche und Schutt
und der Zug rast dem Abgrund entgegen
und die Bremsen sind kaputt

Das Schlimme ist
ich kann Dich fast verstehen
doch ich will diesen Weg nicht mit Dir gehen
Du hast alle Waffen abgelegt
und aufgegeben
und irgendwie aufgehört zu leben
wenn meine Hoffnung voll am Ende wär'
dann gäb's für mich auch nichts zu singen mehr
denn was sollen dann noch
solche Lieder und Gedanken
wenn das Raumschiff Erde
gesteuert wird von ein paar Kranken
von ein paar irren Kamikaze-Piloten
ja, sind wir denn alle solche Vollidioten?

Vergeblich all' die Bücher
der Dichter und Philosophen ?
und es regieren uns noch immer die Ganoven
nein, ich will kein Dichter sein
der Blumen bringt an das Grab der Vernunft
und da was Schlaues singt
Che Guevara und Luther-King
dürfen nicht umsonst gestorben sein
sonst pack' ich mein Mikrofon
für immer ein

UDO LINDENBERG

geb.:	17.5.1946 in Gronau/Westfalen (Holland liegt gleich um die Ecke)
10 Jahre:	erste Trommelversuche auf Benzinfässern
12 Jahre:	erstes Schlagzeug (gebraucht gekauft: 70,– DM), erste Jobs mit lokaler Dixie-Band „Border Town Jazzmen", trat nur in kurzen Hosen auf, war erklärtermaßen einer der jüngsten Trommler der westlichen Welt
13-15:	erfolgreiche Jazzerei mit mehreren wenig bekannten Bands in Nordwestdeutschland
15-16:	Düsseldorf: mit Gunter Hampel gespielt
16-17:	Studienversuche am Konservatorium Duisburg, aber das war wohl nichts .....
17:	Muckerei in Ami-Clubs (Tripolis; Frankreich)
18-22:	weitere Versuche, jetzt an der Musikhochschule in Münster. etwas gepaukt und getrommelt; auch in Orchesterkonzerten. ansonsten pausenlos gemuckt; jahrelang ...
1968:	nach Hamburg getrampt, mit 100,– DM und Karriereträumen. Mit Trommelstöcken in den Taschen auf St. Pauli rumgerannt und Job gesucht. Wollte schon als Seemann anheuern, da traf er die „City Preachers", die gerade einen neuen Trommler suchten
1969:	erste eigene Band: „Free Orbit", danach mit Knut Kiesewetter und Michael Naura gespielt; div. Studiogigs
1970:	bei Doldinger eingestiegen; zuerst „Jazzquartett", dann „Motherhood", dann „Passport" (Passport bis 71)
1971:	kurze Zeit mit „Emergency" und „Niagara" gespielt, sonst mit Doldinger. „LINDENBERG" gegründet.

Produktion der englischsprachigen LP „Lindenberg“

1972: erste deutschsprachige LP „Daumen im Wind“.

1973: LP „Andrea Doria“ und Gründung des Panikorchesters – am 13. Aug. 73

1974: LP „Ball Pompös“ und erste große Tournee im Herbst, mit 25 Konzerten

LP „Votan Wahnwitz“ und weitere große Tournee im Herbst – mit 29 Konzerten. Produktion der englischen LP „No Panic“

1976: LP „Galaxo Gang“ und „Waldemar Wunderbar“ Frühjahrs-Tournee mit 14 Konzerten. November 1976: LP „Sister King Kong“. Ferner: LP-Kopplung „Panik-Udo“

1977: Udo produziert die Ulla-Meinecke-LP „Von toten Tigern und nassen Katzen“. Eigene LP „Panische Nächte“. Tournee im Frühjahr mit 27 Konzerten

1978: Tournee im Frühjahr mit 38 Konzerten. LP „Lindenbergs Rock Revue“. Udo produziert die zweite Ulla-Meinecke-LP „Meineke Fuchs“. Für Holland produziert er die LP „Geen Paniek“, und Ende November kommt seine LP „Dröhnland Symphonie“ auf den Markt. Außerdem in diesem Jahr: Udos 10 jähriges Hamburg-Jubiläum

1979: Tournee „Dröhnland-Symphonie“ unter Regie von Peter Zadek im Januar und Februar. Im Herbst Veröffentlichung der neuen LP „Der Detektiv“. Publizierung des Taschenbuches „Hinter all den Postern“ (rororo)

1980: Premiere des ersten Udo Lindenberg-Spielfilms „Panische Zeiten“ – am 18. April (von der Filmbewertungsstelle Wiesbaden mit dem Prädikat ‚wertvoll‘ ausgezeichnet. Gleichzeitig Veröffentlichung des neuen Albums „Panische Zeiten“.

Im Mai Europa-Tournee (ohne Gastspiel in Deutschland)
Sommer - Produktionsvorbereitungen in New York für englischsprachige LP. Deutschland-Tournee im Herbst durch 29 Städte. Helen Schneider als Special Guest
Dezember - Produktion der Playbacks für die LP „Udopia" in Nassau (Bahamas)

1981: März - Fertigstellung und Veröffentlichung der neuen LP „Udopia"
Juli - Veröffentlichung der englischsprachigen Maxi-Single „Berlin" in USA und England.
August - Veröffentlichung der beiden im Syndikat-Verlag erschienenen Bücher:
„Rock' n' Roll und Rebellion,
ein panisches Panorama" und
„Das Textbuch"
August - Veröffentlichung der Single
„Wozu sind Kriege da", die Udo zusammen mit dem 10jährigen Pascal Kravetz aufgenommen hat.

Bildnachweise

Dieter Bauer: Seite 25
Ludwig Binder: Seite 79
Blick/Toricelli: Seite 35, 54 und 183
Ingrid Blum: Seite 28
George Bockemühl: Seite 43
Justinus Calleen: Seite 52, 112, 128 und 133
Decca Bildarchiv: Seite 178
Gerhard Franz: Seite 37
Michael von Gimbut: Seite 47, 110, 135 und 174
Bodo Goeke: Seite 81
Cornelius Groenewold: Seite 7 und 182
Helmut Hien: Seite 147
Barbara Klemm: Seite 166
Hans G. Lehmann: Seite 44
Jürgen Lische: Seite 24, 41, 50, 58, 97, 155, 163, 164 und 172
von Meysenbug: Seite 122
Rambow, Lienemeyer, van de Sand: Seite 62, Collage Seite 174 und vierte Umschlagseite
von Seelitzsch: Seite 88, 90 und 117
Gabriele Strijewski: Seite 98
Stern/Carp: Seite 18 und 75
Teldec Bildarchiv: Seite 14, 21, 66, 83, 101, 106. 114, 152, 159 und 163

Günter Amendt (Seite 166), Werner Burkhardt (Seite 55), Karlheinz Freynik (Seite 132), Horst Königstein (Seite 86, 113–124 und 138–150), Olaf Kübler (Seite 94 und 100) und Ulla Meinecke (Seite 103, 107, 128 und 137).

Einige Texte sind in Zusammenarbeit mit Co-Autoren entstanden:

DISKOGRAPHIE

Langspielplatten	Best.-Nr. LP	MC
Udopia	6.24650	4.24650
Panische Zeiten	6.24311	4.24311
Der Detektiv - Rock Revue 2	6.24091	4.24091
Dröhnland Symphonie	6.23682	
Lindenbergs Rock Revue	6.23474	
Livehaftig	6.28475	4.28475
Panische Nächte	6.23279	
No Panic	6.22980	
Sister King Kong	6.22609	
Panik-Udo	6.22524	
Galaxo Gang	6.22460	4.22460
Votan Wahnwitz	6.22223	
Ball Pompös	6.21202	4.21202
Alles klar auf der Andrea Doria	6.21138	4.21138
Daumen im Wind	6.21104	4.21104
Lindenberg:	6.21081	

Singles:
Baby, wenn ich down bin /
Jamaika — Best.-Nr.: 6.12770
Wozu sind Kriege da /
Gegen die Strömung — Best.-Nr. 6.13222